伟人的青少年时代

邓小平

郑春兴　主编

时代文艺出版社

图书在版编目（CIP）数据

邓小平 / 郑春兴 主编. —长春：时代文艺出版社，2012.6（2022.6重印）

（伟人的青少年时代）

ISBN 978-7-5387-2748-7

Ⅰ.①邓... Ⅱ.①郑... Ⅲ.①邓小平（1904~1997）—生平事迹—青少年读物 Ⅳ.①A762-49

中国版本图书馆CIP数据核字（2009）第104207号

出 品 人　陈 琛
责任编辑　王 峰
排版制作　初昆阳

本书著作权、版式和装帧设计受国际版权公约和中华人民共和国著作权法保护
本书所有文字、图片和示意图等专用使用权为时代文艺出版社所有
未事先获得时代文艺出版社许可
本书的任何部分不得以图表、电子、影印、缩拍、录音和其他任何手段
进行复制和转载，违者必究

邓小平

郑春兴 主编

出版发行 / 时代文艺出版社
地址 / 长春市福祉大路5788号　龙腾国际大厦A座15层 （130118）
总编办 / 0431-81629751　发行部 / 0431-81629758
官方微博 / weibo.com/tlapress
印刷 / 三河市东兴印刷有限公司
开本 / 660mm×940mm　1/16　字数 / 120千字　印张 / 10
版次 / 2009年6月第1版　印次 / 2022年6月第9次印刷　定价 / 36.00元

图书如有印装错误　请寄回印厂调换

本书编委会

主　编：郑春兴

副主编：张耀军　朴景爱　辛宏志　杨　厦　张李昂
　　　　李赫男　王艳春　戚　新　孙伟国　张桂兰
　　　　于淑丽　于克敏　孙惠欣

编委会成员：（以姓氏笔画为序）
　　　　　　马　锋　刘　伟　李文太　杨开银　张春昊
　　　　　　杜　葳　李　颖　胡汉军　项　和　蒋玉容
　　　　　　韩国义

目 录 MULU

1 / 改　名

4 / 热爱劳动

6 / 不信邪

8 / "鸡蛋"的故事

10 / 一段佳话

12 / 乐于助人

14 / "偷钱"助同学

16 / 刻苦学习

19 / 留法预备学校

22 / 初到法国

26 / 走上革命道路

30 / "油印博士"

34 / 在苏联留学

37 / 革命伴侣

41 / 初到广西

44 / "蚊帐"与南瓜

47 / 巧调民团

50 / 贴心人

53 / 亲临野战医院

56 / 广西烽火

67 / 初到中央苏区

75 / 战友情深

78 / 初次打击

81 /《红星报》主编

85 / 长征趣事

92 / 抗战之初

97 / 刘邓开始合作

101 / 严斥马夫

104 / 紧急情况

107 / 关心战士

110 / 一块鸡骨头

112 / 跃马太行山

117 / 战天斗地打敌人

121 / 开始打老蒋

128 / 让敌人上钩

130 / 不握手会议

133 / 突破黄河天险

138 / 挺进大别山

145 / 从严治军

149 / 中原鏖兵

改 名

在四川省东北部有个广安县,在广安县城北二十里的地方,有一个牌坊村,属于协兴乡。村中有一处土木结构的普通三合院,灰瓦土墙泥地,坐落在竹林之中。这个院子的主人叫邓文明。当地人都把这个院子叫作"邓家老院子"。

邓文明曾当过广安县团练局长和协兴乡的乡长。

他一度热心社会活动和公共事务,没花多大精力来经营家业。家里只有二十多亩地,不缺钱花,可也不太富裕。

邓文明的妻子淡氏,贤惠而勤劳。

1904年8月22日,"邓家老院子"里喜气洋洋。邓文明提着一个竹篮,面带笑容,给各家送红蛋。

乡亲们问他:"邓文明,生了个啥娃?"

邓文明一边发着红蛋,一边笑呵呵地回答着:"生个男娃,又一个壮丁哩!"

按邓家的辈分排,这个新生儿为"先"字辈,邓文明给儿子取名为"邓先圣"。

小先圣五岁时该读私塾了。

一天,邓文明带着小先圣来到了私塾。

私塾先生见到邓文明领着儿子来了,急忙迎了出来。

邓文明客气地说:"先生,我这娃儿送到你这里来读书,请您多加管教。"

先生连声说:"要得,要得。"

先生把邓先圣领了过去,上下打量着他。白白的圆脸上,长着一个圆鼻头,文文静静地站在先生面前。挺招人喜欢的一个娃儿。

先生问:"娃儿叫什么名字?"

邓文明急忙对儿子说:"快告诉先生,你叫什么名字。"

邓先圣一字一顿地说:"我叫邓——先——圣。"

"邓先圣,邓先圣……"先生一遍一遍地沉吟着。

邓小平故居

邓文明不解地问道："有啥子不好呀？"

先生不紧不慢地对邓文明说："你想，孔老夫子才是'圣人'，他一个小娃儿也叫'先圣'，太不恭敬了，要改，要改！"

邓文明思索了一会儿，觉得有道理，便问道："先生，你看改一个什么名字好呢？"

先生到底是博学之人，稍微想了一想，就说：

"我看，就叫'邓希贤'吧，希望他将来能成为贤良之人。"

邓文明望了望儿子，连声说：

"这名字取得好，好！"

邓希贤这个名字，用了将近二十个年头。1927年，在武汉为了党的秘密工作的要求，才改为邓小平。

热爱劳动

"希贤是个爱劳动的好娃儿。"牌坊村的乡亲都这么说。

夏天，是最热的季节，也是村里最忙的季节。

乡亲们一边要到稻田地里拔草、犁地；一边还要割草喂猪、放牛，家家都忙得不可开交。

邓希贤看到叔叔伯伯们忙里忙外，整天不得闲，就经常去同他们一起忙活。有时到田里帮着放牛；有时去把大人们割下来的草抱回来，扔到猪圈里喂猪。村里王爷爷说他是"一个闲不住的小忙娃"。

小希贤除了在外面帮助乡亲们干活之外，放学回到家里，还经常帮助母亲做些家务活。扫扫地呀，照看弟弟、妹妹啦。成为母亲得力的"小助手"。

到了养蚕季节，家里的正堂屋和东西两间厢房的地面上、箱柜上，都摆满了蚕箕，家里就成了蚕的世界。这时候母亲最辛苦。白天，她要洗衣、做饭、缝缝补补，干家务活；晚上，她要侍弄蚕子，照看蚕宝宝。常常忙到深夜，才能休息。

小希贤虽然还是个孩子，但却非常懂事，像个小大人。看到母亲天天这样劳累，很是心疼。

放学以后，他从不在外面玩耍，直接回家，帮助干活。不是背竹篓出去摘桑叶，就是帮助添桑叶，喂小蚕，里里外外，总是忙个不停。

捉小蚕是个细致活，也是邓希贤的拿手活。只见那小手在蚕箕里东一下，西一下，捉来捉去，一点儿也不比大人少捉。

家里的蚕很多，常常一家人要捉到深夜。母亲心疼他年纪小，还要上学，捉一会儿，就催促他："娃儿，别捉了，快去睡觉。"

小希贤总是执拗地说："我不嘛，我要捉完了和妈妈一起睡。"

到第二天早上，母亲看着小希贤，背着书包，边走边用手揉着睡眼上学去，心疼极了。

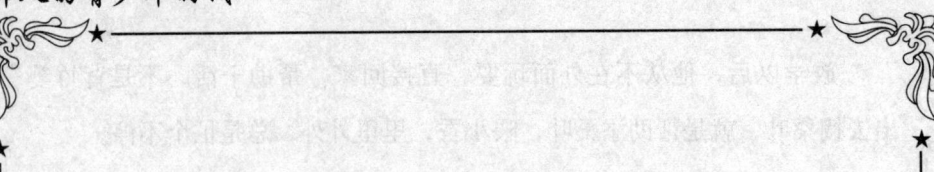

不信邪

邓希贤是一个很有个性的孩子，十分活泼、顽皮，有胆有识，不信邪。

距邓希贤家半里路有一条石坝，由协兴乡到广安县要穿石坝过去。在大路与石坝交叉的地方，有两块神道碑，约有三米来高，一米多宽，是建在两个巨大的石龟背上。

这是清朝嘉庆年间，朝廷为表彰两名广安籍的高官邓时敏和郑人庆的功劳而专门建造的。

这个邓时敏，就是邓希贤的老祖先，名气很大的邓翰林。在广安百姓间流传着敬畏这两位大人物的一些神话，好像这两块石碑和驮着石碑的石龟也都附着神气，摸不得，碰不得。

邓希贤年纪虽小，活泼爱动，能说会道，当地的小孩都把他当成头领。他常常领着一帮小孩子到河里摸鱼捉虾，打水仗，弄得浑身湿漉漉的，给牌坊村带来一片欢笑。

有一天，一群小伙伴上了石坝。邓希贤望着大石龟，突然产生了要上去坐一坐的想法。他招呼大家说：

"我们爬到乌龟背上去玩好不好？"

这时，太阳快要下山了，石碑和石龟在黄昏中显得更加肃穆，看去更加令人胆怯。

小伙伴们个个都吓呆了，他们从来没有这个想法。过了一会儿，他们纷纷拒绝，一个大一点儿的孩子说：

"爬石龟会肚子疼的。"

那个小一点儿的伙伴说："听大人讲，得罪了神道碑家里要遭灾的，要不得。"

眼看孩子头的指挥要不灵了。

邓希贤却壮起了胆，小手一挥：

"一个石头做的乌龟有那么大的本事，我不信。你们不敢爬，我爬。"说完，他就走到神道碑前，爬上了石龟，骑在石龟的脖子上，手舞足蹈地喊：

"快来哟，快来哟，好玩得很！"

小伙伴们在下面吓得惊慌失措，有人连声叫他："希贤呀，快下来，你要惹祸的！"

邓希贤满不在乎，用小手拍着石龟的脑壳说：

"惹祸就惹祸，看它能奈我何？"接着，又爬到石碑上坐下。小伙伴们望着他，既惊怕又羡慕。

过了好多天，邓希贤的肚子没有疼，家里也没有什么灾祸，小伙伴这才放了心，原来神龟不神啊！

邓希贤在小伙伴心目中的威望更高了。以后，邓希贤常常带小伙伴到石龟上玩，他们的胆子也越来越大了。

"鸡蛋"的故事

邓希贤就读的私塾,就设在牌坊村的"翰林院"。

学童的功课主要是读书写字。私塾里的教材有《千字文》《百家姓》和《三字经》等,当时的私塾大致学的都是这些课程。

学童以识字为主,方法就是死记硬背。先生领读几遍之后,让学童自己去背诵。稍有不够认真,或背诵不够流畅,先生的戒尺就会打到手心上。

邓希贤十分聪颖、伶俐,先生领读几遍之后,就能记住了,课文读得也很流畅,很受先生喜欢。所以,戒尺总是和他无缘。

戒尺与邓希贤无缘,"鸡蛋"倒是总也离不开他。

私塾除了识字、背诵课文之外,还要练习写毛笔字。这是塾师留给蒙童的主要作业。

开始,先生在纸上写上核桃大小的字,作为字帖发给学生,学生在上面蒙上一层薄纸照着描。描过几遍,有了一定基础,就让学生临摹或仿写。

先生在批改作业时,对字的间架结构合理,字迹端正的字,在旁边画上圈圈,对写得较差的字则打"×"。学生们把圈圈叫作"鸡蛋"。先生发下作业之后,大家凑到一起比谁的"鸡蛋"多。

邓希贤不怕累,爱写字,肯钻研,放学回到家里还要反复练习,所以,他写字得的"鸡蛋"总比别人多。

母亲看到儿子的本本上画满了"鸡蛋",高兴得合不上嘴。就到厨房煮一个鸡蛋给儿子吃,作为奖励。

别小看一个鸡蛋,这在当时,算是很高的奖赏了。

一段佳话

邓希贤敢作敢为，却从不胡来。

他在广安上小学时，班上曾发生一件轰动全校的奇事。和邓希贤十分要好的同学叫李再标，是广安县一个大富商的儿子，深受母亲的宠爱，对母亲也非常孝顺。

一次，母亲得了重病，多处求医，吃了许多药，仍不见好转，生活不能自理，李再标急坏了。他看了不少旧书，书中那些稀奇古怪的事使他受到了启发。

他认为只要割下自己身上的肉给母亲吃，就会治好母亲的病。为了尽自己的孝道，他决心割下自己的一块肝给母亲吃。

幸好刚刚动手，就被别人制止了，刀子只在胸脯上划了一个口子。

邓希贤听说，马上找到李再标，他问明了事情的来龙去脉之后，严肃地对李再标说："你是有点科学知识的学生，难道不知道肝不是药吗？"

李再标低头不语了。他的胸口还丝丝作痛，心也更为难受。

邓希贤接着说："你这份孝心，我可以理解，但你割了肝还能活命吗？本来你的母亲很爱你，她又身患重病，卧床不起，如果你因割肝而死，你母亲一定会因此更加伤心，加重病情，甚至死去。这不是反而害了你母亲嘛。"

邓希贤这番坦诚、直率而又入情入理的话，说得李再标心服口服。他紧紧握住邓希贤的手，好久说不出话来。他醒悟了，表示听从邓希贤的劝说，再也不做这样的蠢事了。

邓希贤见他知道错了，又进一步说："你先请几天假回家，请医生帮助你母亲治病，好好照顾她老人家，尽尽孝心。"

这件事，在广安高小引起了很大的反响。邓希贤信科学，不迷信，能言善辩，开导李再标的事，一直被广安高小的师生们传为佳话。

乐于助人

邓希贤在同村的小伙伴之中,能成为头头,不仅是因为他有号召力,更主要是因为他为人随和,平易近人,富有亲和力。

在当地,提起邓家老院子,无人不知,都知道是牌坊村的名门大户。

邓希贤在这个大户人家生活了十五个年头,却看不出一点少爷的派头。从小就喜欢和同村的农家子弟在一起玩耍,打闹。在他家屋后的小山坡下,有一条清澈见底,潺潺流水的小河,河中怪石嶙峋,水草丛生,游着许多小鱼小虾和螃蟹什么的,岸边就是一条大石坝。每到春暖花开的季节,邓希贤和小伙伴们常到河中翻石摸蟹,堵水捕鱼。有时从河里抓个泥团团,到石坝上打泥仗,玩得可开心了。

邓希贤和农家孩子总是友善相处,亲亲热热,和和气气;从不狐假虎威,称王称霸,以势压人。因此,村里农家子弟总是喜欢找他一起玩耍,他说玩什么,大家就立即响应。

邓希贤在家里,受父母良好的思想品德的熏陶和影响很深。在学校他不但刻苦学习,成绩优异,而且善于团结同学,不仅能和农家孩子玩在一起,而且乐于关心同学,尤其对那些家庭生活困难的同学,不嫌弃,总是热心帮助。

邓希贤写毛笔字的基本功很扎实。在班里，他的毛笔字写得最好，经常受到老师和同学夸奖。而他的同桌——贫困家庭子弟胡德银的毛笔字写得却比较差，老师判作业时几乎满篇都是"×"，他很着急，不知从何处着手。

于是，邓希贤就主动帮助他。每天放学以后，主动留下来和胡德银一起练字，教他写字的基本要领，胡德银学得很认真。邓希贤写字时，他就在一旁边看边模仿。在邓希贤耐心帮助下，胡德银的毛笔字进步很快，两个人结下了深厚的友谊。

几十年后，胡德银提及此事，对邓希贤主动关心、热情帮助别人的精神还赞不绝口。

"偷钱"助同学

一天,邓家老院子里的气氛突然紧张起来。

邓文明怒气冲冲地把一家人叫到一起,大声吼道:

"谁把钱拿去了,快点承认。"

一时,全家人都愣住了,你望着我,我看着他,不知道这是怎么回事儿。

原来,邓文明在查账时,发现家里丢了五块银元。

五块银元,对这个大户人家来说,也不是小数目,足足可以买五担稻谷,邓文明能不着急吗!

邓文明话音刚落,邓希贤站了起来,坦白说:

"是我拿了那五块银元。"

说完,就到墙边拿了一根竹条,递到父亲手里,把身子转过去,自愿接受父亲惩罚。

邓文明脸都气青了,挥起竹条就抽了起来。

母亲想去拦阻,可一看邓文明那张变了色的脸,欲言又止。

邓文明打了几下之后,突然有一个念头在心中闪过:这娃儿过去很节俭,给钱都舍不得花,怎么会一次拿这么多钱呢?

他停止了抽打，厉声喝问："你说，拿这么多的钱干什么用了？"

邓希贤眼里含着泪水，倔强地站着，一声不吭。

这可把母亲急坏了，一把拉过儿子："好娃儿，你快说，别让我们着急啦！"

邓希贤搂着母亲的脖子，两行泪水唰唰地流了下来，说明了原委。

有一次，在放学的路上，邓希贤看到一个小同学边走边哭，哭得好伤心。他本来就愿意帮助别人，看到这种情形后，急忙上前询问："你怎么了，哭得这么伤心？"

这位同学边擦着眼泪，边哽咽地说：

"我妹妹病了，发高烧，躺在床上都快要死了！"

"那你为什么不快去请医生呀？"邓希贤急切地问。

听到这话，这位同学哭得更加伤心了。

邓希贤很善于观察，他看着这位同学穿着补丁连着补丁的衣服，心里顿时明白了，他家是没有钱请医生啊。

回到家里，那天晚上邓希贤思来想去，怎么也睡不着。

第二天，他趁父亲不在家的时候，偷偷拿了五块银元，到学校后，急忙塞给那位同学，没等那位同学开腔，他忙催促着说："快向老师请假，回家给妹妹请医生去吧。"

明白了事情的真相后，邓文明抱起儿子说："你为啥不早说呀！"

邓希贤回答说：

"我偷了家里钱，就该挨打，有什么好说的。"

儿子的话，让邓文明又是心疼，又是自豪。

刻苦学习

1915年,十一岁的邓希贤顺利地考入了广安县高小。当时广安县就这么一所高小。每年只能招收四五十人,所以,能考进来的学生都是优等生。

邓希贤学习成绩优异,除了天资聪颖之外,主要还是他学习刻苦、勤奋。

邓希贤读了一年私塾后,进了北山小学读书,开始接受新式教育。

从邓家老院到北山,要走三里多路。这条路晴天还好走,一遇到雨天,路上泥水交加,一溜一滑,行走非常吃力。

邓希贤在这条乡间小路上,走了四个春秋。

在这四年里,不管是雷雨交加的夏天,还是寒风刺骨的严冬,人们总能看到一个身材矮矮的小孩,背着书包,在这条路上走着,从没有间断过。

遇到雨天,最让邓希贤的母亲担心。

还是邓希贤刚上小学的时候,有一天,天空突然乌云翻滚,狂风阵阵,电闪雷鸣,接着下起了倾盆大雨。

到了放学的时候,仍不见小希贤回家。

母亲十分着急，连饭都没有心思做了，一会儿到门口望一望，一会儿又让女儿出去看看，坐立不安。

过了好一阵子，邓希贤回来了，浑身上下全被雨淋透了，衣服和裤子上沾满了黄泥巴，好像刚从泥坑里爬出来似的。

这可把母亲心疼坏了，她一把拉过儿子，上上下下仔细瞧着，含着泪水问道：

"娃儿，你这是怎么了？"

邓希贤急忙从书包里掏出淋湿了的课本，放在灶台上烤着，然后才回答母亲的问话：

"雨大，路太滑了，我摔了好几跤。"

母亲急忙追问：

"摔坏了没有？"

邓希贤笑了笑，知道母亲心疼他，就回答："没有。"

第二天，天亮了，雨还在下着，邓希贤早早地装好了书包，准备上学去。

母亲拉住他，说：

"这么大的雨，路上又不好走，今天不要上学去了。"

邓希贤人小主意正：

"那可不行，我不能旷课。"

母亲拗不过他，便装了一小口袋米，又拿了两枚铜板塞给儿子，交代说："路不好走，中午就不要回家吃饭了，免得摔跤。中午到场上熟人的店铺去搭一顿饭吃。"

邓希贤点头应着，上学去了。

等到放学回到家里，邓希贤从书包里掏出米袋，然后，又从衣兜里掏出两个铜板，递给母亲。

母亲好奇怪,忙问:

"你怎么把米带回来了,中午吃啥了?"

邓希贤拍着肚子说:

"我一点儿也不饿,中午就没有吃饭。"

母亲含泪点头,她知道,儿子是个刚强的孩子。

以后,再有雨天,母亲只好在家把饭做好,请人送到学校去给邓希贤吃。

邓希贤不仅学习不怕苦,而且很勤奋,用功。

在北山小学读书的四年时间里,除了一次因生病而缺了几天课外,他从未耽误一天课。

放学回来以后,他除了帮助母亲做一些家务活,偶尔和小伙伴们耍一会儿之外,更多的时间是用来复习功课。晚上,常常在小油灯下读书练字。

由于刻苦努力,加上天资聪慧,邓希贤的学习成绩,在班里总是拔尖的。在四年的所有测试中,除了那次因病缺课考了第二名外,其余每次考试成绩都是第一,深受老师的赞扬,同学们的敬佩。

由于学习成绩突出,邓希贤于1918年又顺利地考进了广安县中学。在广安县中学学习不到一年,1919年9月就考到重庆赴法勤工俭学预备学校了。

留法预备学校

留法预备学校是怎么回事呢?

1914年8月,第一次世界大战爆发。在大战中,法国死伤百万人,造成后方劳动力严重短缺。

于是,法国政府派人紧急来华,进行廉价招募华工。

针对被法国招募去的华工缺乏教育、工资低廉的情况,蔡元培等人在法国1916年6月发起成立了"华法教育会"。

1917年,在北京又成立了"华法教育会"和"留法勤工俭学会"。

留法勤工俭学会在北京、保定等地设立了三所留法勤工俭学预备学校。

很快,留法勤工俭学运动便推向全国。

之所以出现"留法热",是与当时国内国际形势有关。

在国内,孙中山领导的"二次革命"和"护法运动"均告失败,中国进入了一个军阀割据、混战的悲惨年代,促使大批有志向的青年知识分子急于向外寻求救国救民的道路。

在国际,1917年俄国爆发了"十月革命",这对中国进步知识分子是个极大鼓舞。

特别是中国1919年爆发的五四运动，对留法勤工俭学运动更起到了极大推动作用。

四川的留法勤工俭学运动是由吴玉章亲自倡导和领导的。

1919年9月上旬，重庆留法勤工俭学预备学校正式开学。校址在重庆市夫子祠内。

该校招生对象是中学毕业生和具有同等学历的青年。

课程有法文、代数、几何、物理、中文及工业常识等，其中以法文为主。

学习的目的是要粗通法语并掌握一定的工业技术知识，为去法国勤工俭学做些准备。

这时候，五四运动已经结束，但由此造成的冲击波还没有平息。

留法勤工俭学预备学校的学生们，参加了抵制日货、反对卖国贼的爱国运动。

十五岁的邓希贤也参加了这次运动，因此提高了他爱国救国的思

重庆留法预备学校旧址

想，坚定了他到国外学点真本事回来报效国家的决心。

1920年7月19日，留法勤工俭学预备学校举行毕业典礼。

经过学校毕业考试、法国驻重庆领事馆的口试及体检，一百多名学生中有八十三人合格，其中包括年龄最小的邓希贤。

1920年8月28日，重庆留法勤工俭学预备学校的八十三名学生，乘着法商吉利洋行的"吉庆"轮船沿长江东下，前往上海。

邓希贤自此离家，一生再也没回过家乡广安。

八天后，船到上海。

上海的华法教育会接待了这八十三名四川学生，为他们安排住处、订购船票和协助办理出国手续。

1920年9月11日上午11时，这些四川学生和其他学生一同冒雨登上法国邮船"鸯特莱蓬"号。

巨轮驶离上海黄埔码头，驶过吴淞口，进入了浩瀚无垠的大海。

法国，等待这些中国学生的是什么呢？

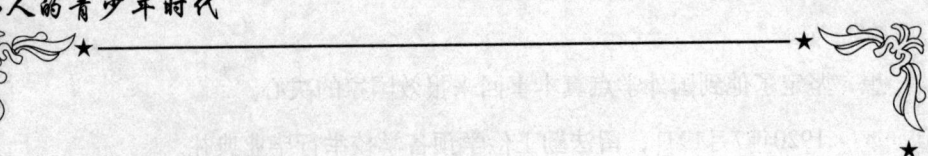

初到法国

1920年10月19日,巨轮航行三十九天后,驶入法国南部重要港口——马赛港。

中国学生们终于踏上了法兰西的土地,兴奋驱散了旅途的疲惫。

华法教育会已派人专程从巴黎前来马赛迎接这批新到的学生,他们当天就离开马赛,乘汽车直赴巴黎。

十六个小时之后,他们到达巴黎西郊的哥伦布——巴黎华法教育会就在这里。

他们受到许多以前来的勤工俭学的学生们的欢迎,相逢在异国他乡,倍感高兴和亲切。

10月底,邓希贤等人被华法教育会安排到诺曼底的巴耶男子中学学习。

巴耶中学在法国西北部诺曼底大区,离巴黎约有四百里。

在这所中学里,中国学生专门单独开班,主要是提高法语水平,过的是正规的中学生活。

因为这所中学是私人办的,不太注重教学,生活费却很高。

1921年3月13日,邓希贤等十九名学生离开了这所学校。在这里共五

邓小平在留法勤工俭学时的留影

个月，没学到什么东西，吃的也不好，可钱却花了不少。

尽管邓希贤尽量节省，可所带来的钱就要花光了，他如果不想挨饿，就得去勤工。

可这时已是第一次世界大战之后，法国军人大批复员，劳动力由紧张而变成多余，要找工作并不容易，想用勤工来俭学几乎是不可能的。

4月2日，邓希贤和另外几名四川学生，经华法教育会介绍，来到了法国南部重工业城市克鲁梭，进入法国最大的军火工厂——施奈德钢铁总厂做工。

邓希贤被分配到轧钢车间当轧钢工。

在这里都是苦活、重活、危险活，邓希贤还不满十七岁，根本不堪重负。

最让他受不了的是工头的蛮横、歧视和凌辱。二十天后，他和工头吵了一架，就离开了这家工厂。

还到哪里去？

这时，他从家里带来的钱已经花光，在这家工厂累得死去活来，挣的还不够吃的。没办法，邓希贤只得靠向华法教育会领取救济金度日。

救济金每天只有五个法郎，实在不好干什么。

邓希贤就去做杂工，到饭馆当招待，到火车站、码头运送货物、搬运行李，到建筑工地搬瓦推砖、扛水泥，以及做清洁工，碰到什么活干什么活。

一直熬到10月下旬，他被华法教育会推荐到一家专门制作扇子和纸花的小工厂。

这时法国政府已经停止发放对中国留法勤工俭学生的生活维持费——邓希贤当然也没了救济金。

可以说这家小厂让他绝处逢生。

在这家小厂工作，邓希贤和同伴们用薄纱和绸子做花，再把花缠在一根铁丝上，然后贴上写有"阵亡将士的遗孀和孤儿制作"的小标签。

工钱很低，做一百支花才两个法郎，邓希贤和同伴们拼命工作，头不抬，手不停，每天才做六百多支，所挣工钱刚够糊口。

每当邓希贤买到一块羊角面包和一杯牛奶时，他都很高兴。

后来，他对人说，他身材矮小，可能与青年时代在法国经常吃不饱又干重活有关。

这份工作只干了两个星期，完成了工厂的订货，他们这些临时工也被辞退了。

邓希贤连羊角面包和牛奶也吃不上了。

失业就意味着面临绝境。

邓希贤只得再去做杂工，还是碰到什么活都干，为生存而奋斗。

1921年底，经旅法四川勤工俭学同乡会几十次函电求援，再加上被驱逐回国的勤工俭学生的奔走呼吁，四川重庆和成都各界人士捐款三十多万法郎汇至巴黎，救助陷于困苦之中的四百多名川籍勤工俭学生。

邓希贤也和其他川籍同学一样领到四百法郎救济金。

有了这笔钱，邓希贤决定再去打工，等钱积蓄差不多时，好去学校读书。

走上革命道路

1922年初春的一天，一列火车从巴黎驶到卢瓦雷省的蒙达尼火车站，喘着粗气停在月台一旁。

一个身材矮小、稚气未脱的年轻人带着简单行装走出了车厢。

这个年轻人没有在蒙达尼停留，而是直向附近的小城镇夏莱特走去。在市政厅的户口登记处，他签下了自己的名字：邓希贤。在"职业"一栏中，他填的是"体力劳动者"。

按规定登记之后，他领到了这座小城的临时身份证，号码是：1250394。

过了一天，他成为哈金森橡胶厂的一名临时工。

这家工厂以生产胶鞋和自行车内外胎而驰名。厂内有四千多名工人，其中有四十多名华工和勤工俭学生。这是他到法国后第二次进工厂劳动。由于没有受过专门训练，邓希贤被分配到制鞋车间，编号为：4088。

这家工厂的条件比克鲁梭钢铁厂的条件好多了，厂房宽敞明亮，是著名埃菲尔铁塔的设计师设计的。

工人们一天工作十小时，新工人实行计时工资，一小时一法郎。工作熟练以后，改为计件工资。邓希贤很有悟性，没有几天，就熟练掌握了技

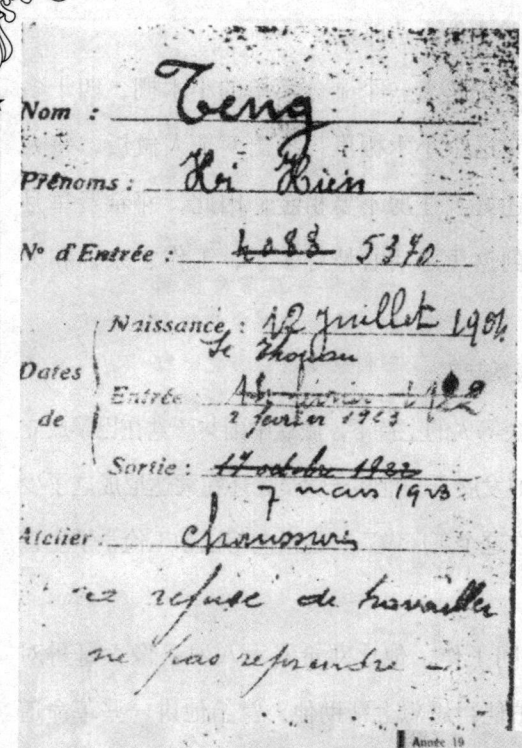

邓小平在哈金森橡胶工厂的档案卡，上面有人事部的附注：辞职不干，不再雇用。

邓小平在雷诺厂的档案卡。离职原因：回国。

术,一天就能做二十多双鞋,可挣十五六法郎。

车间附近有一片小树林,林中搭着一个十分简单的小木棚,四十多名中国来法勤工俭学的学生都在这个小木棚里。抽出两个人做饭,每人一天大约三个法郎的伙食费。还好,住房不要租金,因此,邓希贤每月一般都能攒下二百多法郎。他到这里之后心情好多了,工作之余,和大家在一起有说有笑,非常活跃。

艰苦的生活,使邓希贤变得成熟起来。

这年夏天,在周恩来、赵世炎等人的主持下,旅欧中国共产党在巴黎成立了,并很快在克鲁梭、蒙达尼等地发展了一批共产党员,还在蒙达尼成立了少共支部。少共成员王若飞等人也在这个工厂做工,经常向留法勤工俭学学生宣传共产主义思想。

王若飞和邓希贤在一个车间工作,他比邓希贤大八岁,像大哥哥对待小弟弟一样,生活上关心爱护他;思想上帮助他,常给他讲一些革命道理。在王若飞等人的影响和帮助下,邓希贤逐渐接受了革命思想,开始阅读《新青年》等革命刊物。

那时,在法国各种社会思潮很流行。因此,住在小木棚里的年轻人的思想反映也是千奇百怪。所以,常常展开激烈的思想交锋。年轻的邓希贤很少直接参加辩论,但他总是倾向站在社会主义一边。

还是在这年夏天,邓希贤和蔡畅等人面对红旗,举行了加入中国社会主义青年团旅欧支部的

《新青年》

宣誓。

邓希贤非常激动，他把拳头握得紧紧的，大声读着入团誓言。这意味着，从今走上了革命道路。

打那以后，邓希贤进步很快。虽然他只有十八岁。但和年长一些的周恩来、李富春等人一道工作，受益匪浅。短短的一年，由一名普通的青年团员成长为积极的活跃成员，已进入青年团的领导机构工作。

后来，在法国参加和领导了一系列革命活动，并多次在旅欧青年团机关刊物《少年》上发表了很有战斗性的文章，成为一名职业革命家。

"油印博士"

1922年11月初,邓希贤有了一些积蓄,他经人介绍,来到了法国东部的夏狄戎,但他并没有在塞纳中学上成学,原因当然是钱不够。

1923年2月初,邓希贤从塞纳—夏狄戎又回到了哈金森橡胶厂做工。

五个星期后,他离开了这家工厂,在蒙达尼逗留一段时间,于6月中旬回到巴黎,进入巴黎近郊的雷诺汽车厂做工。

这时,他已能说较为流利的法语,并具有一些知识和大工厂的劳动实践经验。

他先当钳工学徒,几个月后成为一名钳工。

1924年2月的一天,邓希贤来到一个小旅馆的一个狭小房间,这狭小的房间是周恩来的住处,也是他主编的刊物《赤光》的编辑部。

《赤光》的前身是《少年》,是旅欧中国共产主义青年团(前身是旅欧中国少年共产党)的机关刊物。

周恩来邀请邓希贤加入《赤光》编辑部,主要负责《赤光》的刻写和印刷。

邓希贤欣然答应,并为能直接参与革命工作而激动不已。

此后,他就白天做工,下工后赶到《赤光》编辑部,把周恩来写好或修改好的稿件一笔一画地刻在蜡纸上,再用一台简陋的印刷机印好,然后装订起来。

他的字工整美观,印刷装订得也非常漂亮,所以得到了"油印博士"的赞誉。

在周恩来等人的言传身教下,邓希贤进步非常快。

1924年下半年,邓希贤转为中国共产党党员,并成为旅欧中国共产主义青年团领导机构执行委员会的成员之一。

随后,他在《赤光》上发表了《请看反革命青年党人之大肆捏造》《请看〈先声周报〉之第四批造谣的新闻》和《请看国际帝国主义之阴谋》三篇文章。

随着国内革命形势的发展,一批批旅欧共产主义者相继回国或到苏联学习,到1925年,邓希贤已经成为旅欧党团领导之一。

1924年7月,出席中国社会主义青年团旅欧区第三次代表大会的代表在法国巴黎合影。前排左四为周恩来,左六为李富春,左一为聂荣臻。后排右三为邓小平。

1925年夏，邓希贤和中共旅欧支部的其他同志共同组织领导旅法勤工俭学生、华工和各界华人掀起了声援国内"五卅"运动的斗争浪潮。

这场斗争震动了法国，也几乎震动了整个欧洲。

法国当局惶恐不安，派出大批警察，四处搜查抓捕，凡被逮捕者一律遣返。

尽管环境险恶，邓希贤等人仍然坚持工作。

1925年8月20日，邓希贤搬到了比扬古紧挨着雷诺汽车厂的卡斯特雅街5号都是中国人居住的旅馆内。这是邓希贤在法国生活工作的最后一站。在5号房间里，他和傅钟、杨品荪住在一起，共同领导着旅欧党团工作。

1926年1月8日早晨5点多，卡斯特雅街的居民仍在睡梦中，一片寂静，只能听到偶尔跑过的马车发出咯咯嗒嗒的马蹄声。

忽然，一阵刺耳的警笛声划破了黎明的寂静，十几个警察一起朝着这个小旅馆冲来，马靴把旅馆木楼梯踩得噔噔直响。

在旅客登记表中记着二楼5号房间的客人叫邓希贤。

警察冲进5号房间以后，把天棚地面，床铺座椅，里里外外翻了个遍。只听瓷器的碰撞声，马靴的噔噔声，旅馆的客人们一个个吓得大气不敢出，都呆在各自的房间里不敢出来。

法国警方对这家旅馆已经注意好长时间了。

1926年1月7日，法国警方有这样一份报告，涉及到邓希贤的文字是这样写的：

他们中的一个人叫邓希贤，1904年7月12日出生于中国四川省邓文明和淡氏夫妇家。他从1925年8月20日起就住在布洛涅——比扬古尔市的卡斯德雅街3号……他作为共产党积极分子代表出席会议，在中国共产党人所组织的各种会议上似乎都发了言，特别主张亲近苏联政府。

此外，邓希贤还拥有许多共产党的小册子和报纸，并收到过许多寄自中国和苏联的来信。

有两个中国同胞与邓希贤住在一起，好像都赞成邓希贤的政治观点，外出时，他们总是陪伴邓希贤……

有三家旅馆应密切监视：卡斯德雅街3号；特亚维西尔街14号；朱勒费里街8号。

这份报告是使法国警察实施搜捕的根据。

一阵紧张的搜查之后，从5号房间里搜出大量的共产主义小册子。其中《共产主义ABC》是用法文印刷的。《中国工人》《孙中山遗言》是用中文印刷的，还有油墨印的许多小册子。

这次搜捕行动，虽然没有抓到邓希贤本人，但他是活跃的共产主义分子已确定无疑了。而在法国，共产主义总是被看作幽灵和异端邪说。所以，法国警方果断地下了驱逐令，坚决把邓希贤赶出法国。虽然没抓到邓希贤，但驱逐令仍照发不误。

邓希贤虽然见到了法国警方的驱逐令，但是在法国警方来抓捕他之前两个小时，就踏上了奔向社会主义发源地——莫斯科的征途了。

1926年1月7日，根据中共旅欧支部和中国共产主义青年团旅欧支部安排，邓希贤、傅钟、李卓然等二十人离开巴黎，前往苏联……

在苏联留学

1926年初，邓希贤到苏联后，先后进东方大学和莫斯科中山大学学习。

莫斯科中山大学是1925年秋天正式开学的，第一期学员共有六百人。邓希贤和蒋经国在一个团小组，邓希贤是团小组长。蒋经国是于1925年在莫斯科加入共青团的。邓希贤年龄比蒋经国大，经验也远比他丰富。

在学校里，邓希贤性格爽朗、活泼、爱说爱笑，富有组织才能和表达才能；傅钟老成持重，不爱言谈；任卓宣是个书呆子。他们三人的共同特点是，每个人脖子上都围着一条蓝白道的大围巾。

莫斯科是很美丽的，尤其是积雪的冬天，克里姆林宫、楼房、教堂都像一座座水晶宫。当蒋经国等同学与邓希贤一起去散步的时候，除了聊天，还爱听邓希贤讲在法国勤工俭学和那些惊心动魄，带有传奇色彩的革命故事。

有一次，蒋经国问邓希贤："你们为什么老围一条大围脖？"

邓希贤告诉他们说，在法国留学的中国学生常去当清洁工，尤其是捡马粪，因为在法国就数捡马粪挣钱多，干一天能满足一个星期的花销，最划得来。

法国的清洁工都围那么一条围巾。因此，他们每人也有那么一条。原来，他们是以当过清洁工人而自豪啊！

蒋经国和邓希贤身材都不高，站队时老站在一起，肩挨着肩。

当时中山大学的中共党支部书记是傅钟，邓希贤则是第七班的党组组长。

1926年6月16日，中山大学内中共党支部的一份"党员批评计划案"中，记载了有关邓希贤当年的一些情况，也就是当时的中共党组织对他的评价：

姓名：邓希贤。

俄文名：多佐罗夫

学生证号码：233

党的工作：本班党组组长。

一切行动是否合于党员的身份：一切行动合于党的身份，无非党的倾向。

守纪律否：守纪律。

对于党的实际问题及其他一般政治问题的了解和兴趣如何，在组会中是否积极的或是消极的抗议各种问题讨论，是否激励同志们讨论一切问题：对党中的纪律问题甚为注意，对一般政治问题亦很关心且有相当的认识，在组会中亦能积极参加讨论各种问题，且能激励同志们讨论各种问题。

出席党的大会和组会与否：从无缺席。

党指定的工作是否执行：能切实执行。

对同志们的关系如何：密切。

对功课有无兴趣：很有兴趣。

能否为别人的榜样：努力学习可以影响他人。

党的进步方面：对党的认识很有进步，无非常的倾向。能在团员中树立党的影响。

在国民党中是否消灭党的面目：未。

在国民党中是否能适合实行党的意见：能。

做什么工作是最适合的：能做宣传及组织工作。

这份党小组的鉴定，勾画出了一位年轻共产党员的基本形象。

革命伴侣

1927年春，应冯玉祥要求，党组织选派邓希贤等二十人穿过蒙古沙漠回到祖国。

2月，邓希贤到西安，在冯玉祥国民联军隶属的中山军事学校担任政治处处长兼政治教官。

虽然在该校工作时间不长，邓希贤却培养了一批政治工作人员和军事指挥员，为后来党领导的渭华起义创造了条件。

4月，中国政局发生突变。

4月12日，蒋介石背叛革命，发动了"四·一二"反革命政变，大肆逮捕和枪杀上海工人领袖和革命群众。

4月15日，蒋介石指使广东的李济深又制造了"四·一五"广州惨案，逮捕枪杀大批共产党人和工人积极分子。

这时，曾经参加革命，倾向进步的冯玉祥倒向了汪精卫、蒋介石。

他把所有在他部队工作的共产党员集中到开封"训练"——实是"礼让出境"。

邓希贤在大家劝说下，并经组织集体讨论决定后，他离开了冯玉祥的部队。

7月,他根据党组织的安排,乘坐闷罐车,经郑州,再到武汉,向中央军委报到。

很快他的党组织关系转到党中央,被分配担任中央秘书工作。

当时,邓希贤在法国的好朋友周恩来也在武汉,担任中央政治局委员和中央军事部长。

为了适应秘密工作的需要,邓希贤改名邓小平。

7月中旬,根据共产国际的指示,改组中共,陈独秀靠边站,由张国焘、周恩来、李维汉、李立三和张太雷组成五人政治局常委会代行中央政治局职权。

这次中央改组,是一个肃清右倾投降主义的重要转折点。

7月下旬,中央决定举行南昌起义,周恩来、李立三、张太雷、邓中夏等相继前往南昌。

原来中央秘书长由邓中夏担任,现改由李维汉兼任。邓小平就在李维汉的领导下继续工作。

8月1日,南昌起义成功举行,这是中国共产党领导的革命武装向国民党反动派打响的第一枪。

南昌起义之后,起义军南征时被敌人重兵围追堵截,结果主力被打散了,重病的周恩来被聂荣臻、叶挺护送着去了香港,其他领导人也都转入地下,朱德和陈毅率领一部分起义军转战湘南。

8月7日,中共中央在汉口召开紧急会议,会议选出了临时中央政治局,9月政治局会议又选出瞿秋白、李维汉、苏兆征三人为常委,瞿秋白为负责人。

毛泽东参加了这次会议,会后受中央委托,以中央特派员的身份前往湖南,发动了秋收起义,后率部上了井冈山,不久接应朱德、陈毅的部队在井冈山会师。

这次会议后，为了避开武汉的险恶局势和适应革命运动的发展需要，中共中央决定于9月底到10月初从武汉迁往上海。

邓小平正忙着中央往上海搬家，这时却惊喜地遇见了一位熟人——张锡瑗。

张锡瑗是邓小平在莫斯科中山大学时的同学。

她生于1907年，原籍是河北省房山县良乡，父亲张镜海在铁路供职，参加过"二七"工人大罢工，曾任良乡火车站站长。

张锡瑗在直隶（河北）省第二女子师范学校读书，1924年作为骨干分子参加该校学生改革学校教育的学潮运动，并在该校参加了共产主义青年团。

1925年她到北京，认识了李大钊等党的领导人，同年在北京加入中国共产党，并参加党领导下的国民会议促成会的活动。

大约在1925年的下半年，张锡瑗被党组织送往莫斯科中山大学学习。

张锡瑗和邓小平在莫斯科中山大学只是同学和战友，并没有发展到恋爱的程度。

1927年秋天，张锡瑗经蒙古回国。回国后她参加领导了一次保定的铁路工人罢工运动。然后，经党组织安排，她来到武汉，分配到中央秘书处工作。

在这里两个老同学惊喜地相遇了。

中国这么大，人又这么多，他们竟能这么快重逢，是不是像人们常说的有缘千里来相会呢？

很快，武汉中央迁往上海，邓小平和张锡瑗也都来到上海。邓小平很快被任命为党中央秘书长。

在共同的工作中，两个志同道合的年轻人相爱了。

1928年刚过年不久,邓小平和张锡瑗结婚了。

为了庆祝这对年轻的革命者喜结良缘,中央的同志们在上海广西中路一个叫聚丰园的四川餐馆办了酒席。

参加婚宴的有三十多人,包括周恩来夫妇、李维汉、王若飞等。

婚后,邓小平夫妇就住在周恩来夫妇的楼下,是在公开租界的一幢房子。

他们既是同学,又是战友,更是一对感情笃深的年轻夫妻。

初到广西

蒋介石、汪精卫先后发动反革命政变后，轰轰烈烈的大革命遭到失败，中国新民主主义革命陷入低潮。

但是，中国共产党人并没有被白色恐怖吓倒，在困难的时候，能看到光明，揩干身上的血迹又继续前进了。

1929年3月间，国民党新军阀蒋介石与桂系之间的战争爆发了。李宗仁等被赶出广西，由俞作柏、李明瑞回广西主政。当时，俞作柏酝酿反对蒋介石并愿意同共产党合作，要求共产党派干部去他们部队工作。

得此消息后，党中央立即进行了研究。在这关键时刻，派谁去合适呢？

"派邓小平去！"中央军事部长周恩来蛮有把握地说。因为，邓小平回国后，工作很出色，遇事勇敢坚定，果断沉着，赢得了中央的信任。

周恩来在法国就了解邓小平，不论政治觉悟，还是办事能力，都是非常好的。他认为只有派邓小平去，才能不失时机，做好工作。因此，他毫不犹豫地点了邓小平的名。

1929年9月，邓小平到了广西。化名为邓斌，公开身份是广西省政府秘书，实际是以中共中央代表的身份负责领导广西党的工作。此时，他才二十五岁，革命的重担就压在这位年轻人身上。

邓小平到广西后抓的第一件事就是主持召开了中共广西第一次代表大会。

会上，他介绍了当前的形势，提出了当前我党的几项任务。指导通过了开展土地革命，建立工农武装等重要决议。与会三十多名代表看着这位年轻的党代表，听着他的深刻见解，透彻的分析，卓识的远见，都认为他是一位精明强干的领导者。

邓小平得知，俞作柏的弟弟俞作豫也是李明瑞的表弟，是共产党员。他立即抓住这一特殊的关系，促成了俞作柏和李明瑞同意创办军官教导总队，并把共产党员张云逸和被国民党逮捕而刚刚释放出来的共产党员罗少彦派去教导总队任职，还抽调了一批觉悟高的老兵到教导总队学习，这样，等于用国民党的钱为共产党培养军事人才。

与此同时，邓小平还把一些共产党员派到广西警备大队，第四、第五大队的大队长都由共产党员担任，为组织武装暴动做了组织准备。

在共产党的影响下，俞作柏做了不少有利于革命的工作，先恢复了省农协，继而工会、妇女协会也得到恢复。从而，广西扫去了"四·一二"政变之后的阴霾，革命的曙光出现了。

在全中国革命运动处于低潮形势下，广西的革命却出现勃勃生机。

俞作柏、李明瑞坚决要倒蒋，于9月份在南宁召开讨蒋誓师大会，通电讨蒋，并由俞作柏任讨蒋南路总司令，李明瑞任副总司令，决定于10月初出兵广东，进攻陈济棠。

邓小平对此提出异议。

邓小平找到俞作柏，同他一起分析了当时的情况后，认为现在出兵讨蒋，胜利可能性很小。

但是，俞作柏仍然坚持出兵。

这时，邓小平提议，若一定要出兵的话，因军官教导总队是新建的部队，防止后方空虚，应留下教导总队和警备第四大队、第五大队守卫后方，不能一起出兵。俞作柏和李明瑞接受了邓小平的意见，还委任张云逸担任南宁警备司令。

不出所料，俞、李部队还没出广西，就有三个师杀了回马枪，反而通电拥蒋。原因是这些部队基本都是桂系元老部队，本来与俞、李就有间隙，蒋介石又高价收买了他们。

俞、李挫败，仓皇撤回南宁。

这一消息，一传回南宁，邓小平立刻察觉到，广西的形势要有变化。他提示警备第八大队派一个营到右江地区，第五大队派一个营进驻左江地区，并在南宁市准备好数艘船只和弹药，过两天以后，就向百色、龙州地区挺进。邓小平清楚地看到，如果说过去的广西是俞、李天下，共产党是帮忙的，那么，从现在起，共产党就要扛起大旗来了，不能再隐蔽自己的身份了。

出发那天，晨雾蒙蒙。在南宁海关码头上，警备四大队的战士们正急忙搬弹药上船。邓小平也上了一艘汽船。此前，大家只是听说过他，没有见过他，现在大家和他同乘一船而行，都十分高兴。

12月11日，百色打起武装起义的旗帜，宣告中国工农红军第七军正式成立。中央任命张云逸为军长，邓小平为政委。

事隔两个月，龙州古城上，又打起镰刀斧头的旗帜，中国工农红军第八军诞生了，军长俞作豫，政委还是邓小平。

在邓小平的领导和策划下，仅用几个月的时间，在中国的南方就出现了两个军。为了统一指挥，中央军委委任李明瑞为红七军、红八军总指挥，邓小平为红七军、红八军总政委，兼前敌委员会书记。

初次出使广西，就取得了辉煌成绩，充分显示了邓小平的卓越才能，使他声名大振。所以，广西一直传颂着他许多动人的故事。

"蚊帐"与南瓜

　　这是一所医疗条件极为简陋的野战医院。一群广西护士姑娘都在发愁，她们面对的救扶对象是刚从战场上抬下来的伤员。

　　前方的战斗很激烈，红七军、红八军正在左右江同敌人艰苦作战，伤员们还不断地从战场上抬下来，可药品实在太少了，护士姑娘个个急得抓耳挠腮。这时邓小平政委走进了医院。姑娘们像见到了救星一样围了上去，你一言我一语地叫起苦来了。

　　邓小平摆了摆手，示意大家不要吵。他一张病床一张病床地仔细检查，亲切地问候伤员。看到伤员因药品不足而得不到及时治疗，心情很沉重。

　　护士们围住他，有人说："邓政委，你想个办法吧！我们都听说过您的蚊帐，都说您的办法多。"

　　说着，大家都笑了。

　　说到邓小平的"蚊帐"，还真有一段动人的故事呢！

　　一次，邓小平在与白军周旋时，不小心把腿摔伤了，被一个通讯员背到了一座旧砖窑里。这座砖窑很久没有用了，里面阴暗潮湿，蚊子特别多，把人咬得浑身都是大红疙瘩，痒得很。邓小平悄悄到外面抓了几只大蜘蛛，放在洞口，让它们织网，然后进到洞里挥动衣服向外赶蚊子。

不一会儿，蜘蛛在洞口织起来了几张网。网上粘住了许多蚊子。白军追过来了，一看洞口有蜘蛛网，认为没有人进去过，转身到别处去搜查了。

邓小平发明的"蚊帐"，又挡蚊子，又骗走了白军。于是，邓小平"蚊帐"的故事就在军中传开了。

邓小平看着年轻的护士姑娘说：

"办法有的是，要靠大家去想，红军在前方能打胜仗，我们在后方也要打胜仗！今天晚上我们搞个比赛，看谁想的办法多。"

晚上，邓小平带上几个同志到兵工厂检查工作，正走着脚突然被一根刺扎了一下，当时他没觉得怎样，找一张纸垫了一下，继续走路。直到检查完各个车间，又查伙房。才觉脚痛难忍，他低头一看，脚底下流出了很多血。

这时伙夫抱出来一个大南瓜，用刀切开，准备做南瓜饭。邓小平看到南瓜，突然想起老人们说过南瓜性甘寒、无毒，能够消炎止痛。

他立刻解开草鞋绳，把已经被血染红了的纸揭掉，用手指从剖开的南瓜里掏出一团瓜瓤糊在伤口上，绑好了草鞋，站起来跺了跺脚，高兴地说："感觉还真不错啊！"

要走时，他对伙夫说：

"也别做南瓜饭了，把这个南瓜给我吧！"

伙夫连声说："拿去，拿去。"

过了一天，天刚亮时，邓小平又来检查野战医院。护士们看到他手里拿着半个南瓜，都笑了。有人说："邓政委一大早就给我们送南瓜来了？"

邓小平说："你们怎么睡一觉就把想办法的事给忘了？"

"我们没忘，没忘，可我们要先等邓政委拿出办法来。"有个护士调皮地说。

这时，邓小平脱下草鞋，说："昨天晚上，我也成了伤员，但是我有药治，不信你们看！"

姑娘们一看，邓政委脚上真有伤，伤口红红的，但没发炎。

邓小平拍了拍南瓜："这就是药箱，药嘛，就在里面。"

一个腿上被敌人砍了一刀的战士正站在这儿，忙说："我来试试。"说着，就把伤口上的布带打开。邓政委抓了一团瓜瓤轻轻地敷到战士的伤口上。战士哎哟了一声，过了一会儿说："凉丝丝的，挺舒服。"

护士们都高兴了，有人忙说道："快去找南瓜，老百姓家里都有南瓜。"

邓小平说："南瓜只是一种，办法还有很多，大家只要开动脑筋去想，就难不倒我们。伤员交给你们了，看你们能不能想办法让他们早日重返前线。"

护士们都频频点头。

从此以后，护士们工作更积极了，她们爬山越岭采草药，把草药碾成细末，制成膏药；有的想出来用牛角代替火罐，许多伤员就是用这些土办法治好伤，重返前线的。

离开医院时，伤员个个依依不舍，对护士们连声道谢。护士们众口一词地回答说："要感谢邓政委教我们想办法。"

巧调民团

广西龙州起义之后，邓小平急于要到东兰武篆革命根据地了解情况。思林县委书记陈鼓涛知道这一路敌情复杂，"剿共大队"活动频繁，就找了一个向导，并增派了赤卫队一个班与红军警卫排一起护送。

有一天夜里，队伍分散住到东江村的老乡家中。

邓小平刚刚入睡，突然被枪声惊醒。他马上起来，一听，村南北两面都有枪声。

这时，警卫排长急匆匆闯了进来："不好了，政委，我们被敌人包围了。"

"别慌，去把向导找来。"邓小平说。

向导很快跑来了，邓小平向他了解一下周围的地形，才感到问题的严重性。村里只有一条小路通向东兰，如果敌人堵住这条路，他们突围就很困难了。

警卫排长请示："怎么办？"

邓小平说："你看怎么办？"

"只有突围了。拼死冲出去。"

邓小平想了想，对作战进行了具体的部署。

夜里一点多钟，突然，村口山头上又响起了激烈的枪声，大路上的守敌不知所措，还以为红军会翻山而过，急忙调兵增援山头。这时，邓小平带领部队向东兰方向冲去。

这是邓小平一个小计谋，他派了三个战士佯攻山头，调开敌人大部队，然后突围。

敌人发现上当了，急急忙忙调过头来重新包围，但为时已晚。他们看到的，只是邓小平等人留下的脚印。

"剿共大队"大队长黄麻子，麻子脸气得更加难看了，又调来了三个县的民团，决心要和红军决一死战。

红军从东江村突围出来，经过几个小时的急行军，到了那塘村。

"剿共大队"一千多人马，急向那塘村扑来。

这时，警卫排长向邓小平建议："把三个县的赤卫队调来和敌人硬拼。"

"三个县的赤卫队能有多少人？"邓小平问。

"六百多人。"

"那三个县的民团呢？"

"有一千多人。"

邓小平笑了，说："那怎么能硬拼呢！我看要这样。"说着，他招呼大家蹲下来，用树枝在地面上边画边说：

"这是那塘村，这个村像一个猪食槽子，南北两面是山，我们把队伍分成三路，一路占据南山坡，截住南面来敌；一路占据北山头，堵住北面来敌；一路在村里做预备队。地形对我们十分有利，顶上一两天没问题。"

"那过一两天怎么办呢？"有人担心了。

"没关系。"邓小平胸有成竹，指了指思林县委书记陈鼓涛说：

"老陈，你马上回县里，组织思林、恩隆、果德三县的赤卫队直袭县城。因为敌人的大队人马到了那塘，县城必然空虚。"

陈鼓涛马上明白了邓小平的意图：

"这个办法太妙了！"但他又有些担心，"邓政委，你这儿只有百八十人，能顶得住吗？"

邓小平拍拍他肩头：

"老陈，你放心吧！红军战士个个都是英雄好汉，能顶住。就看你那边行动快不快了。"

黄麻子带着民团，从南北两路冲到那塘村，立足未稳就遭到了迎头痛击。红军战士居高临下，势如破竹，民团本来就战斗力不强，攻打了整整一天，没有前进一步。

太阳刚下山，县城的方向响起了密集的枪声，陈鼓涛按邓小平的意图行动了。

黄麻子慌了神，还没有反过劲儿，县里来人报告了，让他马上带兵回去，否则，红军就会占领县城了。

黄麻子无可奈何，丢下几十具尸体，率队狼狈地向县城方向逃去了。

贴心人

在战士面前，邓政委不仅是领导，更似兄长。政治上关心他们，生活上体贴他们。

田东县有个赤卫队长叫黄绍谦，是地主家庭出身，家里都积极支持他参加革命队伍，打仗也很勇敢。一次，在攻打县城的战斗中，计划不周，让反动县长跑掉了。有些人就趁机说起闲话来。

邓政委找到黄绍谦，和他谈心。开始，黄绍谦还以为邓政委要批评他，心情有些紧张。

邓政委拍了拍他的肩头说："看一个青年是否革命，不看他家庭出身，而要看他的表现如何。"

黄绍谦紧张心情一下消失了，说出了反动县长是怎么跑掉的。

邓政委告诉他，这件事我们要从敌我力量的对比、军事行动保密、兵力部署等方面来分析原因，一席话说得黄绍谦心里亮堂堂的。

邓政委了解黄绍谦上过几年学，是个文化人，也喜欢写诗歌。他随手拿起黄绍谦的笔砚，抄了当时在社会上流传的一首诗歌，作为对黄绍谦的鼓励：

男儿立志出关乡，
报答国家哪肯还？
埋骨岂须桑梓地，
人生到处有青山。

从此，黄绍谦把邓政委抄给他的诗珍藏起来，不时拿出来吟诵。直到他牺牲，人们还从他身上发现了被鲜血染红了的诗抄。

邓政委像兄长一样爱护和关心同志们的故事，在部队里流传很多。有一天深夜，邓政委有急事要连夜赶路，四个赤卫队员护送他刚出村口，一股寒风吹来，一个赤卫队员打了个冷战。邓政委一看，原来他穿得太单薄。邓政委立刻脱下自己的棉衣，披在这个队员的身上，让他快点穿好。

这个队员急忙把棉衣又披到邓政委身上："政委，这不行，你也会冷的。"

邓政委严肃地说："服从命令，快穿好！"

那个队员还要推辞，邓政委看看左右，轻声说："不许出声，注意敌情。"这个队员无可奈何，只好穿上邓政委的棉衣，再不敢说什么了。

这件棉衣，穿到身上暖乎乎的，战士们心里更热乎了。

邓小平是战士的贴心人，也是人民群众的贴心人，时刻关心人民群众疾苦。

一次，邓小平在农民赤卫队黄连长的陪同下，来到一户人家。他到门口一看，心情很沉重，这哪像个房子啊！房顶上的茅草，多年没有更换，已经霉烂了。墙壁是用稻草和泥巴糊起来的，到处都是窟窿。可见，这家人穷得很。正思索着，屋里传出老太太的一阵咳嗽声，接着又是一连串的呻吟。邓小平立刻走进屋里。

房间被烟熏得漆黑，邓小平过了好一会儿才看清，床上躺着一位老大娘，盖着一床补丁摞补丁的被子，吃力地喘息着。邓小平过去，关切地问老人："你得了什么病，家里的人呢？"

老大娘睁开眼睛，看了看邓小平，张嘴说不出话来。黄连长在一旁说："她叫梁姆蕊，家里原来有九口人。前不久，男人去世了，七个儿女连饿带病，死了四个。实在活不下去。她又卖了一儿一女，只剩下大儿子和她相依为命。"

邓小平帮助老大娘掖了掖被子，亲切地对她说：

"大娘，等革命胜利了，我们的日子就会好的，眼下的困难，由我们来帮你。"说着，他掏出了两百个铜板交给老大娘。

回去后，他又派战士上山割茅草，把大娘房顶上的茅草换成新草，还派了卫生员来给大娘治病。

在邓小平的关怀下，不久，老大娘的病就好了。她带着儿子来找邓政委，请求他把儿子收下当红军。

邓小平看着老大娘的态度很坚决，便答应了她的请求。红军北上时，为了照顾这位老大娘，邓小平还特意指示把大娘的儿子编入当地赤卫队。

这件事很快在当地传开了，老百姓都说红军是穷人大救星，邓政委是我们的贴心人。

亲临野战医院

邓小平像兄长，似亲人，不仅体现在平时对战士们的关心爱护方面，也表现在他亲临野战医院，亲切慰问伤员伤情上。下面，就是一位老红军讲的一段故事——邓政委亲临武篆野战医院。

1930年春的一天，在一次战斗中，我身负三次伤，其中有一颗子弹从我的牙床，舌根穿过，伤势较重，遵照上级指示，我和其他伤员一起到一百多里以外的东兰县武篆临时野战医院去治疗。在沿途各族人民的热情帮助下，我们顺利地到达了医院。

到医院后，大家听到了一件激动人心的消息：敬爱的邓小平政委要来医院看我们。大家高兴极了，多么盼望早日见到军首长啊！

一天上午，邓政委来了！

他在医院领导的陪同下，一个病房一个病房地看望伤员。我们坐在病房等着，心里可急了。时间过得特别慢，好似偏偏和我们作对。等啊！等啊！邓政委终于来到我们病房。

邓政委神采奕奕，和蔼可亲，一进门就亲切地向我们问好，察看我们的伤势，询问我们的困难。我们激动地望着他，嘴唇颤动着，却说不出话来。

"好！很好！"大家都用这几个字来回答。

邓政委笑了。他摸摸床铺，看看摆在病房里的医药、用具，关切地说：现在医疗条件差，困难不少，可你们是革命战士，在战场上不怕流血，在医院不怕困难。在根据地人民的支援下，相信你们一定能够克服困难。

邓政委还像知道战士们的心事：早日出院，重返前线。他劝我们不要着急出院上前线，勉励我们安心养伤，伤好后，再上前线多杀敌人。

邓政委的话，真像一股暖流温暖着每一个同志的心。大家一致表示：一定听首长的话，争取早日重返前线。

邓政委看望伤员后，当即召集院领导、医护人员和地方党、政负责人一起，嘱托大家要千方百计治好伤员的伤病，研究各种办法改善医疗条件。

邓政委看望我们两天后，医院管理员发给我们每人一块大洋，说是邓政委、张军长决定奖给我们的。

那些天，我的心情一直不能平静。我们家在凤山县平乐区桐圩那雄村，贫苦得很，全家人不知道出路在哪里？是韦拔群等同志宣传党的主张，使我看到了光明；是东兰、凤山一带党领导的农民运动和武装斗争蓬勃发展，使我投身到革命中来。

在革命队伍中，我积极参加斗争土豪劣绅，认真站岗、放哨。百色起义后，我抱着为穷人打天下的目的，参加了红军。

参军后不久，我只受一点简单的军事训练，就投入到保卫百色城的战斗中。我们二纵队第二营六连勇猛地从过去的县政府里面向大街冲去，毫不畏惧地扑向敌人。经过三四个小时的激烈战斗，我们胜利了，敌人逃走了。以后，我又参加隆安战斗。

这次，在马鞍山战斗中，我负伤后，连包扎都顾不上，只管向前冲去，一直到战斗结束，才把伤口包扎好进了野战医院。

这些战斗的往事，在我头脑中是那样的清晰。我的每一点进步，都来自党的教导和首长的关怀培养。今天，我负了点伤，军首长这样关心，我永远不会忘记。

武篆医院是临时组建的野战医院，条件极其简陋，医疗器械几乎没有，药品也非常少，医护人员也不多。但医护人员和伤病员遵照邓政委的指示，依靠人民群众的支持，克服了许多困难。

东兰县工农民主政府的领导同志和各族人民群众，对我们伤病员关怀备至。他们看到医护人员，就组织妇女慰问队，协助医院搞清洁卫生，烧水，消毒，采草药；帮助伤员端水送饭，洗衣服，倒便桶，什么都干，像一家人一样。

不管怎样，在军首长的关怀下和群众的支持下，我们的生活比当地群众和部队都好多了。

因此，在那样艰苦的生活中，我们没有怨言，只有对党、对首长、对群众的感情。在那样艰苦的生活中，大家精神愉快，文娱生活很活跃。

善歌善舞的轻伤员，自编自唱革命山歌的民谣，常常是二胡一拉，大家就随着曲调哼唱。慰问我们的青年妇女见我们高兴，更是歌不离口，自编很多壮族山歌，十分动人。给伤病员莫大的安慰。

一个多月后，我的伤口已经痊愈，愉快地回到了战斗岗位，被分配到第三纵队第三营九连当通信员，当即随部队去都安县开辟新革命根据地。

广西烽火

中共中央派出邓小平去广西名则辅助俞、李；实为发展党的武装。总体概况是这样：

邓小平乘船先到香港，与党的南方局取得了联系。

1929年9月初，邓小平到达南宁，与广西特委书记雷经天接上头。

9月10日，邓小平主持召开了中共广西第一次代表大会，南宁、梧州、左右江地区等地三十多名代表参加了会议。

会上，邓小平介绍了当前的形势和任务。

会议做出了开展土地革命，建立工农武装，准备武装暴动等重要决议，确定了新形势下广西党组织的斗争任务和策略。

邓小平到广西后化名邓斌，公开身份是广西省政府秘书。

在代表大会之后，邓小平与俞作柏见了几次面，建立了密切的合作关系。

在他的努力下，俞作柏和李明瑞释放了在押的全部"政治犯"。这些人，特别是其中的党团干部，后来都成为建立广西红军的骨干。

李明瑞在掌握广西军事大权之后，急需大量扩建军队，因为他担心旧桂系收编的残部到关键时刻不听自己指挥。

在他的努力下，新组建了广西警备大队，下辖新编第四、第五两个大队。

邓小平针对这种情况，通过俞作柏的胞弟俞伯豫（共产党员）向李明瑞提出建议，建立教导总队，以培训初级军事。用这种方式，把共产党一百多名干部学员安排进教导总队，培训和教育了近千名李明瑞旧部队中的进步青年，并在学员中发展了一批新的党员。

此外，在与李明瑞的协商下，一批秘密共产党人被安排到新建立的警备大队中。

第四大队大队长由共产党员张云逸担任，副大队长李谦也是共产党员。

第五大队大队长由俞作豫担任，他是共产党员，还是李明瑞的姑表弟，副大队长史遽然也是共产党员。

邓小平还指示张云逸在第四大队中安排了一百多名共产党员担任连排干部，并吸收大量工人、农民和进步学生参加部队，使部队扩大到两千人。

1929年12月11日，邓小平和张云逸、韦拔群领导发动百色起义，创建了中国工农红军第七军和右江革命根据地。邓小平任中共红七军前敌委员会书记、红七军政治委员。

俞作豫的第五大队也调来一些农民运动分子充实部队，人数也达到了两千。

而教导总队，也由共产党员徐光英担任负责人。

就这样，在短时间内，共产党就控制了警备大队和教导总队这两支武装，为以后建立红七军、红八军打下了基础。

在共产党的影响下，俞作柏在广西开展了进步的群众运动，很快，使广西又掀起了令人振奋的革命热潮。另外，俞作柏还在农村拔掉桂系军阀黄绍竑的旧势力，任命了一批大革命时期涌现出来的农民运动领袖担任各县县长。

可以说，俞作柏、李明瑞拉来共产党帮他们撑持局面是很明智的，广西的革命热潮，让桂系恐慌，也让蒋介石头疼。

但是，关键时刻，俞作柏、李明瑞却不听共产党的话，结果遭到惨败。

1928年8月间，汪精卫联系冯玉祥、阎锡山、唐生智等军事集团准备共同反蒋，他派薛兵到南宁游说俞、李加盟反蒋。

开始，俞作柏、李明瑞有些迟疑，因为军政权力尚未巩固，加上军饷缺乏，这时候反蒋为时过早。

但汪精卫对俞作柏封官许愿，又以重金相诱，加上蒋介石对李明瑞苦苦相逼，终于使俞、李二人下决心反蒋。

邓小平知道后赶紧去劝说俞作柏，不客气地说：

"现在反蒋形势对我们不利，收编的桂系旧部还未完全控制在手里，加上时间太短，立足未稳，政治、经济基础都很薄弱，真的打起来难免一败。"

俞作柏却认为，反蒋是他们的既定目标，现有别人联盟总比孤军奋战要好，执意反蒋。

邓小平见劝阻不住，为了保存革命实力，他向俞作柏提出把警备大队和教导总队留下，担任保护后方的任务。

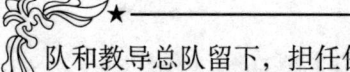

俞作柏在邓小平的再三说服和要求下，终于同意。

1929年10月1日，俞作柏、李明瑞在南宁举行了反蒋誓师大会，发出通电，宣布俞作柏为讨蒋南路总司令，李明瑞为副司令。

谁知，部队还未开出广西，桂系旧部三个师就叛变，投降了桂系军阀李宗仁。而李明瑞最亲信的旅长黄权也被蒋介石收买，通电拥蒋。

李明瑞一下子丢掉了三个主力师外加一个旅，军事实力瞬间丧失殆尽。

邓小平等人已料到俞、李反蒋必败，于是，前脚带队一走，随后就做应变准备。

一、派第四、第五大队各一个营去左、右江地区，先后准备起义。

二、利用张云逸兼任南宁警备司令的职权，接管了省军械库等机关。

三、将汽船备好停在江边待用，以便随时撤离南宁。

果然不出所料，俞作柏、李明瑞很快仓皇逃回——二人曾经都是英勇善战的名将，怎奈手里无兵，只好走为上策。

邓小平等人商议之后，果断决定，立即举行兵变，把部队带出南宁，向左、右江地区转移，并以百色、龙州作为重点，重新打开局面。

他们的这一决定得到上海中共中央的批准。

10月中旬的一天，兵变开始，兵变部队打开军械库，搬取了所有的枪械和弹药。

第四大队、第五大队和教导总队迅速撤离南宁。

第四大队和教导总队的一小部分，由张云逸率领沿右江逆流撤向西北方向的百色地区。

第五大队由李明瑞、俞作豫率领沿左江撤向西南方向的龙州地区。

邓小平率领常委机关和一些秘密工作人员，指挥着装满军械的船队和警卫部队，沿水路溯右江，向百色地区进发，去与张云逸的第四大队会合。

百色起义部队

10月20日,邓小平与张云逸在恩隆县平马镇会师,22日,他们率部到达了右江地区。

从南宁往西,一条邕江一下子分为南北两江,西北方向通向百色的叫右江,西南方向通向龙州的叫右江。左右两江之间的三角地带,称为左右江地区。

百色距南宁约四百二十多里,这里周围没有大城镇,西边就是云南。

龙州距南宁约三百里,这里紧靠我国西南要塞镇南关,对面跨过二十多里,就是越南。

邓小平和张云逸率部到达右江地区后,立刻宣传、组织和发动群众,策划武装起义,同时整顿军队,建立和发展党的组织。

他们面临的一个严重问题是当地的地主豪绅纠集反对民团垂死挣

扎，并与熊镐率领的警备第三大队秘密勾结，妄图消灭张云逸的第四大队。

邓小平和张云逸决定必须先除掉第三大队，因为他们听命于桂系军阀，会不利于百色起义。

恰在这时，他们截获了桂系军阀黄绍竑给熊镐的"先发制人"的密令，于是他们指挥第四大队分几路袭击第三大队的主力和首脑机关。

经过两天激战，全歼第三大队一千多人，并击毙大队长熊镐等反对军官，为起义扫清了一大障碍。

随后，邓小平指示中共右江特委领导东兰、凤山、向都等县的农民武装，向反对的地主武装发起了猛烈进攻，消灭了大批地主武装。

这样，右江地区的奉议、恩隆、思林、果德、向都、镇德、东兰、凤山等县均为我党领导的军队和农民自卫军控制，根据邓小平的意见，这些县的农民协会成为临时政权机关，改名为县革命委员会。

这时，邓小平派去上海的党中央汇报的龚饮冰秘密回到百色，带回中央的指示。

中央批准了邓小平等人建议，要他们在广西左、右江地区创建根据地，创建红军，颁给番号：右江地区的部队是红七军，委任张云逸为军长，邓小平为政委。左江地区的部队编为红八军。

听到中央的决定，立即群情振奋。

邓小平又派龚饮冰回上海，向中央汇报部队撤到右江地区的情况，表示：

"我们坚决执行中央的指示，大概需要四十天的准备，就可以就绪，那里就立即宣布起义。"

随后，邓小平召开了党委会议，传达了中央的指示，决定加紧准备，并把起义时间定在了12月11日。

1929年12月11日,百色城头高高升起了武装起义的红旗,宣告中国工农红军第七军正式诞生。

次日,在平马召开了右江地区第一届工农兵代表大会,选举产生了右江苏维埃政府,雷经天任主席,韦拔群、陈洪涛等为委员。

邓小平在起义前几天,便离开百色,匆匆前往龙州,准备检查完龙州工作,再取道香港,返回上海,向中央当面报告工作。

不意,在他前往龙州途中遇上了李明瑞。

李明瑞和俞作豫率第5大队到龙州后,一方面筹集军饷,一方面整理部队,而俞作柏已心灰意冷去了香港。

李明瑞想趁粤桂两军对峙,广西政局混乱、南宁空虚之际,反攻南宁,可他自己兵力不够,就亲自来联系右江部队合攻南宁,却在途中遇上邓小平。

邓小平见李明瑞对起义持犹豫态度,心中甚是焦急。只好随同李明瑞返回百色,与张云逸合力做李明瑞的政治思想工作。说明党中央的指示,要建立左右江革命根据地,待百色、龙州起义后,成立红七军、红八军,至时请李明瑞任两军总指挥。

李明瑞逐渐认清只有跟着共产党走,参加革命队伍,才是唯一的出路。他欣然答应邓小平和张云逸,立即回龙州举行起义,打出红旗闹革命。

李明瑞返回龙州,因俞作豫已率部队向崇善前进,准备打南宁,留守龙州的大队副蒙志仁竟叛变了。

李明瑞与俞作豫会合后,回师来攻打龙州,把蒙志仁打跑,12月3日又夺回龙州。

他们夺回龙州后,邓小平带人也来到龙州,与李明瑞、俞作豫等研究了龙州起义的工作计划和具体部署。

然后，邓小平才放心地经越南、香港，返回上海。

邓小平回到上海时已是1930年1月。

他向党中央报告了广西工作，并参加了广西红军工作布置讨论会。

他忙完工作，紧忙到上海宝隆医院看准备分娩的妻子。

妻子张锡瑗因难产，好不容易生下孩子，又得了产褥热，因当时医疗条件太差，几天后，她就去世了。

没几天，她生下的女婴也夭折了。

邓小平当然十分悲痛，但他把悲痛埋在了心里。因为广西形势逼人，他甚至连妻子也来不及掩埋，就急匆匆离开上海赶奔广西。

邓小平途经香港，找到在香港建立秘密电台的李强，顺便拜托李强回上海时帮他料理妻子后事。

李强是中共特科工作人员，曾掩埋过罗亦农、苏兆征等人的遗体。他回到上海后，承中央军委之命，负责安葬了张锡瑗。

1930年2月7日，邓小平带着丧妻之痛，又回到广西龙州。

他获知龙州已经在1930年2月1日起义，甚感欣慰。

邓小平回到龙州做的第一件事就是急电李明瑞、张云逸停止进攻南宁，并同时通知向南宁进军的俞作豫率部返回龙州。

他告诉返回龙州的俞作豫，龙州不能立足时，坚决向右江的红七军靠拢。

然后，邓小平随同红八军第一纵队一千多人，从龙州出发，去打靖西，以便扫除左、右江联系的障碍。

打靖西时，邓小平亲临前线指挥作战，但攻打四天也没攻下来。这时他因为急于向红七军传达中央指示，不宜久留，就由第一纵队一个连护送前往右江。

邓小平走后，第一纵队久攻靖西不下，只好撤回龙州，途中遇敌截击，四百多人战死。这时，龙州也遇敌人重兵攻击，俞作豫率第二纵队寡不敌众，只好放弃龙州，退到凭祥，敌人尾随追击，第二纵队司令宛旦平牺牲，部队仅剩七百多人。

龙州被敌人占领了。

此后，经过多次艰苦战斗，第二纵队的人越打越少。团长刘西定见大势已去，又叛变革命，终使第二纵队丧失。

俞作豫为找党组织去了香港，因叛徒出卖被捕押送广州，后被杀害于广州黄花岗，年仅三十岁。

红八军攻打靖西失利的第一纵队受创惨重，几经转战，历尽千辛万苦，剩下的三百多人终于在同年九月与红七军会合，编入红七军。

1930年4月，邓小平率红八军第一纵队的一个连，经过代峒、把荷、东江、巴麻、思林、而到武篆，与红七军韦拔群的第三纵队会合。

5月底，他们获悉红七军主力已转战到河池一带，邓小平便离开武篆，前去追寻。

他和随行人员一路翻山越岭，走了五天，终于在河池与李明瑞、张云逸的第一、第二纵队会合。

邓小平先召集红七军领导开会，传达中央指示，并研究回师右江的问题。

随后，又召开一个党员大会，决定回师右江，一鼓作气，收复百色。

6月初，红七军在李明瑞总指挥、邓小平总政委和张云逸军长的带领下，向百色进发。

6月8日，经过激战，红七军第一、第二纵队胜利收复百色。

百色收复后，以邓小平为书记的前敌委员会决定继续扩大战果，红七军乘胜战斗，全部收复了右江苏区。

红七军打得这么顺，是因为这时候蒋介石与冯玉祥、阎锡山、李宗仁、张学良进行中原大战，桂系主力北上。

到7月，中原战局刚刚对蒋方有利，蒋石就下令滇军取道龙州、百色，沿左右两江进攻南宁。

蒋介石这么安排，滇军一可以打桂系，二可以打七军。

面对滇军三个师杀来广西，红七军决定避敌锋锐，撤出百色，向思桂撤去，在平马附近的果化一带打了三个漂亮伏击战。滇军死伤六百多人，不敢再碰红七军，只得乖乖地进发南宁去打桂军。

红七军随后开进平马进行整训。

1930年9月31日，中共南方局代表邓岗以中央特派员身份来到红七军，贯彻执行中央"左"倾冒险路线。

此后，红七军开始转入去攻打城市，屡遭失败，陷入困苦危险境地。

邓小平已失去发言权，对红七军的失利忧心如焚。

直到1931年1月，邓岗指挥红七军碰得头破血流之后，借口回上海汇报工作，很快走了。

而由于他指挥不力造成红七军转战千里，兵力减少三分之二。

1931年春节，红七军一部，由邓小平、李明瑞率领到达江西崇义，在这里渡过了一个愉快的春节。

另一部在乐昌河打散，由张云逸率领进军湘赣边区。

过完春节，邓小平获知中央召开了六届四中全会，王明掌握了中央的领导地位。他决定回上海汇报和请求工作，于是通过党的地下交通线，在1931年2月间返回上海。

邓小平走后，李明瑞和张云逸两部于4月份，在永新会师。

后来，红七军又经过多次苦战，6月中旬到达兴国县桥头镇与朱德、毛泽东领导的中央红军会师，这时全军只剩两千多人。

谁都没有想到，1931年10月，英勇善战的李明瑞被执行王明路线的人诬为"改组派首要"，不幸惨遭枪杀，时年三十五岁。

张云逸新中国成立后被授予大将军衔。

初到中央苏区

邓小平回到上海后，写了一成六千多字的《七军工作报告》，准备向中央负责同志汇报。

但他苦等了半年，中央也没人听取他的汇报。

他很苦闷，自己怎么一下子被打入了冷宫？

因为从事秘密工作，中间没有"交通"，他无法与中央取得联系。

顾顺章4月份叛变，中央切断一切联系。

6月份，党中央书记向忠发被捕后叛变，在上海的党中央机关遭到极大破坏。王明去莫斯科任中共驻共产国际代表，实际是通过博古操纵和掌握党中央的领导权。

这样，以博古为首的临时中央仍然执行的是王明的"左"倾冒险路线。

这半年，邓小平受到冷落，只能与几位同样受到冷落的老友偶尔相聚，可他的心无一天不牵挂在艰难中战斗的红七军。

他在上海已无定所，到李维汉和贺昌家搭过铺。

每月按时从中央领取生活费。

他曾通过交通向中央要求，让他回红七军。中央答复没有交通联络，拒绝了他。

他得知王明去了莫斯科，成立了以博古为首的临时中央后，又向中央请求，让他到苏区工作，这次中央批准了。

6月初，中央命邓小平去芜湖巡视安徽省委工作，他和一位交通员到芜湖时却接不上头，因为省委机关已被破坏，只好又返回上海。

7月中旬，邓小平和一位叫金维映的女同志被派驻中央苏区，他们从上海上船，经广东赴江西。

金维映，1904年出生，浙江岱山人。

她1919年曾在县立女子学校参加声援北京五四运动的宣传，毕业后任女校教员，1926年组织女校师生响应"五卅"运动，同年加入中国共产党，并从事工运工作。

1927年金维映被选为舟山总工会执行委员，"四·一二"反革命事变后被捕，经营救释放后到上海中华全国总工会工作，从事秘密的工人运动。

她1929年任中共江苏省妇女运动委员会书记，开展妇女革命斗争和工人运动，1930年任上海丝织业工会中共党团书记和上海工会联合行动委员会领导人。

邓小平和金维映是1931年在上海认识的，这次一路同行，彼此有机会更深的了解。

后来，他们结为夫妻。

1931年8月，邓小平与妻子金维映，顶着火红的烈日，从闽西赶往瑞金。

在邓小平到来之前，瑞金死气沉沉。

革命圣地瑞金怎么会死气沉沉呢？

那是在5月初，中共瑞金县委书李添富主观决断瑞金有"社会民主党组织",极力推行"左"的肃反扩大化。瑞金"县苏、县工会百分之八十干部被杀,单位解体"。"城市、桃阳两区干部被杀"。只有两个多月,"全县被杀者两三千人以上。"

在瑞金人民的心头上,蒙上了一层阴影,严重挫伤了参加革命的积极性。

1931年8月,邓小平担任瑞金县委书记后,非常关心干部队伍建设,他常说:"革命干部是党培养起来的,是党的财富,我们要大力培养和重视革命干部,革命才能成功。"

为此,邓小平抓紧培养干部,在县城同善社举办干部培训班。当时在南效乡工作的杨荣香年纪很小,只有十五六岁。

邓小平对他像自己的小弟弟一样,十分关心他的学习和进步。

有一天,邓小平对小荣香说:"荣香,你准备一下参加干部的培

红都——瑞金

训班。"

"我不去！邓书记。"小荣香想了一会后回答说。

"为啥子不去？"

小荣香低头不语。

原来他思想有顾虑。他看到前几个月肃反杀"社会民主党"，杀了那么多人，那些人都是党团员、干部，连当地的革命先行者瑞金县委书记邓希平、县苏维埃政府主席肖连彬，也都含冤死去。

邓小平了解小荣香的心事后，亲切地对他说："荣香啊，肃反扩大化是错误的，我们不是已经纠正了吗？难道老书记被杀害了我们就不革命了吗？怕啥子吗；不能一朝被蛇咬就十年怕草绳。要跟党走，要坚定革命的信念才对头。"

在邓小平的亲切教育和引导下，小荣香消除了思想顾虑。他来到邓小平的办公室，红着脸对邓小平说："邓书记，我想通了，只有跟党干革命，我们穷人才能翻身过上好日子，让我参加培训班吧。"

"这才像个干革命的样子。"邓小平还轻轻地在他的鼻子上刮了一下说。

杨荣香参加培训班以后，学习很积极，进步很快，受到老师和同志们的称赞。不久，他光荣加入了中国共产主义青年团，还当上了少先队的总队长。

随后，瑞金县第三次工农兵代表大会召开。大会后公审枪决了李添富等人，为冤屈的革命干部平了反，建立了红色革命政权，并着手发动群众。

在第三次"围剿"被粉碎后，中华苏维埃的政权中心迁到瑞金，瑞金从此成为享誉全国的"赤都"。

为了庆祝第三次反"围剿"的胜利，瑞金召开了五万人的盛大祝捷大会，由于没有扩音设备，只好设五个会场，作为主持人的邓小平陪着毛泽东到各个会场讲话。

邓小平担任瑞金县委书记不到一年，1932年5月，江西省委书记李富春把他调到会昌担任县委书记。

7月，邓小平又出任由会昌、寻乌、安远三县联成的中共会昌中心县委书记。

这样，他肩上的担子就更重了。

但他是个肯实干，而且有魄力的人，凡他主持的工作，总能迅速打开局面。

自从邓小平担任会昌中心县委书记后，不到一年时间就彻底改变了会昌这一红区边沿地带的面貌。

1933年春天，江西省的会昌、寻乌、安远三个县解放了，成为革命根据地。分到了土地，老百姓心里都乐开了花。

会、寻、安中心县委书记邓小平当然也很高兴。刚刚解放的地区，有很多工作要做。邓小平既要帮助老百姓抓生产，又要扩大革命武装；既要带领部队清剿土匪，又要帮助各地建立政权。天天走个不停。

一次，他检查工作回到县委，刚到门口，就觉得空气有些紧张，里面传出了骂人声："呸，没有骨气的东西！走，把他们捆回来教训教训。"话音刚落，屋里冲出一个彪形大汉，手里拿着几条绳子，几个战士也跟了出去。

邓小平一眼认出，这是一个区的苏维埃主席老邹。

邓小平急忙拦住他："老邹，这是干啥子去哟！"

"太不像话了，他们私自离队，回家去种地。"老邹气愤地说。

邓小平一听，明白是怎么回事，他拿过老邹手里的绳子，和颜悦色地说："捆不得啊！老邹。他们私自离队不对，但是，我们的工作也没做好，为什么没有帮助他们解决家里的问题？战士的实际问题解决不好，怎能安心打仗啊！"

问得老邹低下了头。

邓小平也不进屋了，对老邹说："咱俩一块去他们家看看。"

他们先到离队战士小关家。

小关一见邓书记来了，十分害怕，连话都讲不出来了。邓小平看到小关母亲生病卧床，急忙从衣兜里掏出几块光洋，递给小关："快请医生来看病。"小关哪里敢接。

邓小平催促着说："去啊！救人要紧。"

小关含着眼泪，低声说："邓书记，我错了。"

接着，邓小平一行又到另一个离队战士小赖家。小赖的媳妇见邓书记带人来了，以为是来抓丈夫的，吓得不敢出来。

邓小平亲切地说："大嫂，别怕，我们是来看看你家有什么困难，好帮助你解决，不是来抓人的。"

赖大嫂认真地看了看邓小平，觉得邓小平不是在骗她，才说："别的困难倒没有，就是家里人手少，没有人种田。人误地一时，地误人一年呢！没办法我才叫小赖回来的。"

邓小平听了以后对她说："你放心吧！明天我们就派人来帮你种田，以后有困难尽管找我们。"

邓小平走访了一家又一家。当他回到县委已经到了午夜了。这才想起还没有吃饭呢！

这天晚上，几个离队战士都回到了部队。第二天，邓小平开会批评了那几个战士，他们都毫无怨言。

老邹见了十分佩服邓小平，好多天以后，他一看到那几条绳子还觉得心里很不好受。

邓小平通过这件事以后，想得更远了。他指导成立了县、区、乡的春耕委员会，各村成立生产突击队，动员儿童团帮助军烈属，开展优抚工作，给战士解除了后顾之忧。

会、寻、安三县的老百姓，更加拥护红军，红色革命政权更加巩固了，根据地也扩大了。

1933年1月，中共中央临时政治局从上海迁到瑞金，对中央苏区的工作进行直接的领导，使毛泽东、朱德等人抵制"左"倾冒险主义的错误政策变得极为困难。

1933年2月，中共福建省委代理书记罗明，由于不赞成"左"倾错误政策，被"左"倾领导者斥为犯了右倾机会主义和对革命悲观失望的错误，即所谓"罗明路线"，并受到撤职处分等种种打击。

3月，邓小平调任江西省委宣传部部长。

两个月后，他被当作"江西罗明路线"的主要代表，受到错误的批判和打击。其根本原因是他与"左"倾领导者之间存在着原则分歧，而导火索却是"寻乌事件"。

1932年11月，广东军阀陈济棠乘中央红军主力在北线战斗，南部苏区力量空虚之机，突然挥师向会昌、安远、寻乌三县大举进攻。

当时任会昌中心县委书记的邓小平，根据敌强我弱的情况，领导苏区群众坚壁清野，以灵活的游击战术阻击敌人的进攻。

但终因敌众我寡、力量悬殊，几乎整个寻乌县都被敌人攻占了。这就是"寻乌事件"。

失败谁都难免，可邓小平却被扣上"在敌人进攻面前惊慌失措，准备退却逃跑""纯粹防御路线""会寻安的罗明路线"等帽子。

1933年3月21日，会、寻、安三县党的积极分子会议在中央局代表的直接控制下，通过了《会、寻、安三县党积极分子会议决议》，声称：

"以邓小平同志为首的中心县委","执行了纯粹的防御路线","这是在会、寻、安的罗明路线"。

会后,邓小平被调离会昌,到江西省委任宣传部长。

战友情深

因所谓的"寻乌事件"邓小平被撤了职,并给他扣上"江西罗明路线"主要代表的帽子,受到一连串的批判和斗争,妻子也和他离了婚。在这一系列的打击面前,邓小平仍然很乐观。他深知自己没有错,因为他有着很多关心爱护他的战友。

疾风知劲草,危难见真情。

临时中央怕邓小平在南村出问题,在他来此不到十天,就命令他返回宁都。

邓小平到宁都之后,被指定在七里营村附近的农村参加劳动。这里是土地贫瘠、人烟稀少、生活艰苦的地区。邓小平忍饥挨饿,头顶烈日,挥锄开荒,累得面黄肌瘦。

这时,江西省委书记李富春和夫人蔡畅,都在关心着邓小平。他们都是留法勤工俭学的同学,蔡畅还是和邓小平一起宣誓入团的。

蔡畅听说邓小平回到宁都后,马上派省委妇女部干事危秀英去看他。

一次,危秀英按照蔡大姐的要求来到邓小平劳动锻炼的农村。老远就看见邓小平头戴草帽,脖子上系着一条白毛巾,脚穿草鞋,吃力地挥锄开荒，汗水不停地从脸上流了下来。

危秀英走到邓小平身边，关心地问："邓部长……"

邓小平抬起头来："哦，秀英你来干啥子？"

"蔡大姐派我来检查农村妇女工作，想不到在这里碰上你。"

邓小平听了危秀英的答复，心里明白了："什么检查工作，一定是蔡大姐让你来看我的。"

危秀英一听，邓小平一句话就点到正题上了，笑着说：

"到底你们是老朋友了。蔡大姐叫我问你，有什么难处没有？"

邓小平想了一会儿说：

"没有什么大难处，就是劳动太累，吃不饱饭。"

危秀英回到省委向蔡畅汇报了情况。蔡畅心里难受极了。她打开箱子，拿出仅有的那点钱，让危秀英去城里买肉、买辣椒，并打些酒来，让邓小平美餐一顿。

菜好买，饭好做，但客人难请。因为邓小平正在被管制劳动，要沾他身边就得冒着风险。

因此，蔡畅请邓小平时，对危秀英认真地交代了两点：一是把准时间，12点半来，两点前回去；二是让危秀英在路上同邓小平保持一定的距离。最后，蔡畅还嘱咐要从省委后门进来。

这天中午12点半，邓小平把草帽压得低低的，与危秀英一前一后，相距约有三百米，从后门进了省委。到了蔡畅的房间，两人相互握着手，久久说不出话来。

蔡畅看见邓小平晒黑了，累瘦了，但身体很结实，又很乐观，也就放心了。她告诉邓小平要沉住气，不少同志正在向中央建议，要求对他做出公正的评价。邓小平认真地听着，不住地点头。

稍事休息，蔡畅从厨房端出来了香喷喷的红烧肉、猪肉炒辣椒，还有一壶酒。邓小平也不见外，坐下来拿起筷子，狼吞虎咽地吃了起来，他的胃口好极了。

吃完午饭，蔡畅又用罐子给邓小平装了满满两罐菜，让他带回去吃。

在这种艰苦的环境中，得到了蔡畅的深情关怀，邓小平心中充满了感激之情。

4月16日，江西省委在苏区中央局的直接参与下，召开了为期五天的江西党组织三个月工作总结会议，反"江西罗明路线"的斗争开始在江西苏区全面展开。

邓小平首当其冲又受到批判。

另外受到批判的还有毛泽覃、谢唯俊、古柏。

他们被指责是"反党的派别和小组织的领袖"，是"罗明路线在江西的创造者"。

但邓小平没有妥协，毫不动摇地支持毛泽东的策略。

这时候毛泽东正被剥夺在党和军队的发言权，处于十分"孤立"的境地。

邓小平的不屈服激怒了"左"倾领导人，撤销了他的宣传部长职务后，又把他派到乐安县南村，后又被调回，将解送到瑞金隔离审查，关进一间阴暗潮湿的小房子里。

初次打击

"哐当"一声,邓小平被两名荷枪实弹的战士锁进了一间低矮潮湿的小房子里。

邓小平不是对革命做出过重要贡献的领导人吗?怎么被关了禁闭呢?

这话得从头说起。

1932年11月,广东军阀李济棠乘红一方面军在北线发动建宁、黎川的战役,南部苏区力量空虚之机,突然向会、寻、安三县发动进攻。当时,邓小平担任这三县的中心县委书记,根据毛泽东的军事思想和敌我力量对比悬殊的情况,领导人民群众的开展坚壁清野,以机动灵活的战略战术阻击敌人的进攻。但是终因我方力量薄弱,寡不敌众,被敌人占领了寻乌县。这就是历史上所谓的"寻乌事件"。

于是,邓小平被扣上"在敌人面前惊慌失措,准备退却逃跑","会寻安的罗明路线"代表等莫须有的帽子。

其实,这件事不过是个借口,"左"倾路线的领导人早就对邓小平心怀不满了。因为,他执行的是毛泽东的军事路线,而毛泽东当时已被排斥在党和红军领导层之外。

所以,"左"倾领导对于执行毛泽东军事路线的人都在打击之列,扣上右倾路线的帽子,痛加排斥打击。福建省委代理书记罗明,因反对"左"路线,被定为"罗明"路线,并受到撤职处分。邓小平则被戴上"罗明路线"的帽子。所以,在1933年3月,邓小平在遭到严重批判之后,调任江西省委宣传部部长。

至此,"左"倾路线的领导人,仍不罢休,隔了一个月以后,江西省委在苏区中央局的直接参与下,开展了反对"江西的罗明路线"的斗争,会上把邓小平和毛泽东的弟弟毛泽覃、谢唯俊、古柏指责是"江西省罗明路线"创造者,是"反党派的小头头"等罪名,遭到无情打击。

然而,邓小平却一直认为自己没有错,决不作自我批评,决不向"左"倾路线妥协、让步。于是,邓小平这个宣传部长的角色也丢了,并被关了禁闭,令其继续深刻反省。

在禁闭里,邓小平面对着写反省检查的纸和笔,想了一会儿,奋笔疾书,他从百色、龙州起义说起,一直说到"寻乌事件",阐明了毛泽东军事路线是正确的,阐明了马列主义与中国实际相结合是完全正确的。"左"倾路线的领导人一看,这哪是什么检查,分明是在为毛泽东、为自己申辩,是抗议,不是检查。没过几天,中央局机关报《斗争》上就刊登出一篇文章《试看邓小平同志的自我批评》,并责令邓小平立刻向党写出彻底检查的认罪书。

但是,邓小平以一个共产党人大无畏的应有品质,坚持真理、决不做违心检查。他写道:"我所上交的两份检查,说的全是实话,回顾历史,我认为我所做的一切,是对党的事业负责的,是对中国革命负责的。"

"左"倾路线领导人,岂能容忍邓小平这种坚定的态度。把他押到审讯室,吹胡子瞪眼,拍桌子跺脚,大声吼道:"你的三次书面检查,全是为你自己歌功颂德,错误一点没有承认,现令你向党写出第四份申明书，再不允许有任何掩藏，假如继续抵赖下去，必须考虑你的党籍！"

邓小平轻蔑地看着他们，强压心头之火，站起来，坚定而冷静地说："我要说的都说了，每句话都是经过我认真考虑的，全是真话实话，我可以拿党性来负责，现在没有什么再要说的了。"说完拂袖向禁闭室走去，把"左"倾领导人气得目瞪口呆。

以后，每隔几天审一次，但每次提审邓小平都是那几句话。逐渐，饭菜的质量也下降了。他们从饮食生活上开始折磨邓小平了。

初次打击之后，邓小平更加坚定地执行毛泽东的军事路线。

邓小平被逼着写检查，他就想用"检查"敲醒"左"倾领导人发热的头脑。

这样，他的"检查"被认为态度不老实，除了几次"提审"对他大喊大叫进行威胁，还卑鄙地饿他。

他痛苦，但他不屈服。

过了一段时间，"左"倾领导对邓小平也感到无计可施了。加上周恩来、李富春等人的极力保劝，最后给邓小平记了一次"最后严重警告"的处分，派他到乐安县属的南村区委当巡视员。

可邓小平到乐安不到十天，又被召回江西省委，原因是乐安是边区，怕出问题。

《红星报》主编

邓小平被扣上"江西罗明路线"主要代表人物的帽子，后又被撤职放到农村劳动的事情，中央军委副主席兼红军总政治部主任王稼祥知道了。

王稼祥是个正直的中央领导干部，对邓小平是了解的。在莫斯科中山大学学习时，他就知道邓小平精明能干，才华过人，回国后领导革命，取得显著成绩，有很强的组织和指挥才能，政治上坚定，远见卓识，是一个难得的人才。

一天，王稼祥拿起电话，向临时中央提出建议，请邓小平出任总政秘书长。一次不成，王稼祥反复申明理由，临时中央负责人终于采纳了他的意见，同意邓小平任总政代理秘书长。

后来，邓小平又受到王明错误路线的打击，不久，又被撤去领导职务，派他到当时总政机关报《红星报》任主编。

一次，邓小平手里拿着一份新出版的《红星报》向红井村走去，毛泽东就住在那里。

邓小平十分敬佩毛泽东，他是我党的创始人之一，领导了秋收起义，创建了井冈山革命根据地。领导中国工农红军，粉碎了蒋介石重兵

"围剿",毛泽东的战略战术,使敌人节节败退,无可奈何。毛泽东分析问题,有理有据,深入浅出,恰到好处。毛泽东写的文章语言诙谐,生动有力,深入人心,红军官兵都爱读他的文章。

邓小平找毛泽东,就是找他为《红星报》写稿子。

到了毛泽东的住地,毛泽东正在院中的大樟树下看书。毛泽东见到邓小平来了,很高兴。因为,他知道,不久前,江西省委批判了"邓、毛、谢、古",把邓小平看成是毛泽东路线上的人。而毛泽东本人也受到了打击,撤掉了领导职务。邓小平这时敢来找他,是要有点勇气的。

毛泽东搬来了凳子,让了座,笑着问:

"小平同志,好久我们没见面了,你现在干啥子哟?"

邓小平敬佩地看着毛泽东,回答说:"毛主席,我已经不在总政当秘书长了,现在在总政编《红星报》。"

"那你来一定是找我约稿的,是不是?"毛泽东把邓小平的话打断了。

"是的。我想请你写一篇关于红军作战的文章,现在很需要这样的文章指导作战。"

毛泽东沉思了一会儿,说:"井冈山的几次主要战斗,已用红四军前敌委员会的名义向中央做了报告,这几次反'围剿',全军指战员都熟悉。不过,1930年打

青年毛泽东

吉安，倒可以说说，这是一次成功的攻城战。"

邓小平没想到毛泽东会这么痛快，高兴地问："我什么时候来拿稿子？"

"你倒是很急，放心，我会抓紧写的。"毛泽东回答着。

1933年8月4日，毛泽东以"子任"为笔名，在《红星报》第四版《红军故事》的专栏上，用一个整版的篇幅发表了《吉安的占领》。文章语言流畅，以讲故事形式，把红一方面军打吉安的战斗过程讲了出来，在末尾，还分析了经验教训，对有些问题，提出了自己的意见。

这期报纸发到红军部队后，指战员都抢着看，不识字的同志，请识字的念给他们听。有的指挥员竟"偷偷"地把这份报纸藏了起来。红军指战员们都说，毛泽东军事思想，真是了不起。

当时，"左"倾军事路线占据中央的指导地位，此时，邓小平敢于发表毛泽东的军事文章，也使红军指战员看到了邓小平的胆识。

邓小平办报是很有办法的。20年代初，在法国勤工俭学期间就参加了办《赤光》刊物，并获得了"油印博士"的雅号。邓小平也深知报纸的重大作用，因此，他以极大的热情，全身心地投入到《红星报》的工作中去了。

当时，有些人对邓小平那种热情办报的精神不理解。邓小平多次担任过重要领导职务，现在又被撤了职，派去编一份小报，怎么还有那么大的劲头？

他们哪里懂得，是坚定的共产主义信念在激励着邓小平，使他在坎坷面前，始终保持着乐观的革命主义精神。

战争年代办报，条件十分艰苦，一面办报，一面同敌人做斗争，今天住在这里，明天就不知道搬到哪里去。邓小平是主编，手下只有两个兵，人手很少。八开的报纸，平均五天出一期，每期至少四版，工作量是很大的。主编既要选稿编辑，又要印刷，什么都干。

邓小平不仅依靠报社几个人去办报，更注意调动红军广大官兵的积极性。亲笔在《红星报》上写了一则征稿启事，激发大家积极参加办报。

这一工作，邓小平一直做到长征途中的遵义会议前夕。

长征趣事

　　长征是从中央红军主力被迫转移开始的，当时谁都没想到长征会成为一个伟大壮举。

　　1933年3月第四次"围剿"之前，毛泽东被剥夺了对红军的指挥权，幸好有朱德、周恩来苦撑危局，抵制着"左"倾领导人的瞎指挥，指挥红军取得反"围剿"的胜利。

　　可到了1933年下半年和1934年上半年的第五次"围剿"时，周恩来和朱德都被调回后方，红军的指挥权被博古交给了国际军事顾问、德国人李德。

　　李德的乱指挥加上博古等人的瞎指挥，让红军在第五次反"围剿"中连连失利，节节败退，眼看中央苏区已经保不住了，他们才决定进行战略大转移。

　　1934年10月10日傍晚，邓小平跟随中央红军主力离开"赤都"瑞金，开始了长征。

　　中央红军原打算是去湘西，与那里的红军二、六军团会师，可渡过湘江之后，才意识到若再往前走与红二、六军团会师，必钻进敌人重兵布下的口袋，关键时刻毛泽东提议，改去贵州，算是使中央红军避免了全军覆没。

1935年1月，红军渡过乌江，1月7日打下了贵州古城遵义。

遵义，后来名扬天下，因为中共中央1月15日至17日在这里召开了政治局扩大会议。

这次会议，结束了在军事上的"左"倾错误的指挥，也结束了"左"倾教条主义在党内的统治。

最重要的是，这次会议以后，形成了以毛泽东为核心的党的领导集体。

邓小平作为中央秘书长参加了遵义会议，但他没有发言，可他对毛泽东的胜利从心眼里高兴。

长征当然千辛万苦，可他却很乐观。

据一位参加过长征的刘英回忆说：

他和邓小平常常在一起，只要是一休息，大家就凑在一起，没事干，就吹牛。大家开玩笑，说成立一个牛皮公司吧，奉陈云为总经理，邓小平为副总经理。

因为没有吃的，所以吹吃的时候较多。邓小平总是说四川菜好吃。什么回锅肉、鱼香肉丝、辣子鸡丁、麻婆豆腐，说得大家直咽口水。

人们把吹吃的叫精神会餐。

在欢乐的人群中，邓小平看到了一位熟人傅钟。

20年代初，他们一起到法国留学，一起在法国办《赤光》，又一起

红军过雪山

从法国警察的搜捕中脱身。后来，他们又一起到莫斯科学习，真是生死与共的老战友了。

傅钟在红四方面军任政治部主任，有一定的权力，红四方面军又刚从川陕根据地撤出来，后勤保障比较好。看到邓小平那么高的职务连马都没有，傅钟就送给他一匹马，一件狐皮大衣和一包牛肉干。

到1935年7月，邓小平调到红一军团政治部当宣传部长。

红一军团"战士剧社"的战士几乎都是未成年的孩子，大家叫他们为"红小鬼"。

身为宣传部长的邓小平对这些"红小鬼"的工作要求是严格的，可生活上是关心的。

长征到达甘肃哈达铺时，部队进行了休整。

哈达铺地处甘肃边界，交通不便，物价便宜，两元可买一只羊，一元可买五只鸡。

为了让战士们长期耗损的体力得到恢复，中央红军总政治部提出了"大家要吃得好"的口号，供给部给每个指战员发一块银元。

宣传队员们得到银元，却舍不得花。他们看见邓小平，就提出会餐，问邓小平是否参加。邓小平一听笑了，问：

"吃什么呀？我算一个好喽。"

一个"红小鬼"笑着说：

"吃鸡。每人凑一毛钱。"

"行啊。"

邓小平掏出自己的那块银元，递给身旁的警卫员，说：

"去买几只鸡来。"

这一顿鸡肉吃得又香又饱。

吃完，"红小鬼"们抹净嘴巴，全走了。

几天后，邓小平看到这些小战士，逗道：

"哈哈！你们这些小鬼，骗吃了我一顿鸡肉，我这个当上得可不轻啊！"

逗得小战士们发出一阵大笑。

邓小平喜欢抽烟，在长征途中经常"断顿"。

他搜罗不到烟叶，就去弄些干树叶子，搓碾后装进烟锅，照样抽得有滋有味。他还不忘把这特殊的"烟叶"送给和他一样有烟瘾的罗荣桓，说自己是"香烟厂制烟"的。

8月初，红军初到毛儿盖，中央红军和红四方面军开了个联欢会，在会上邓小平遇上熟人李聚奎。

几个人聚在一起讲笑话，邓小平见李聚奎抽的烟丝有点眼馋，就说：

"你给我点烟丝，我就告诉你一个好消息。"

李聚奎问：

"什么好消息呀？你先说嘛！"

邓小平说：

"你不给我烟，我就不告诉你。"

李聚奎问：

"这还不简单！"

从衣袋里摸出装烟丝的洋铁盒子递给邓小平，又说：

"你抽吧。"

邓小平卷上一支烟，美美地抽上一口，不慌不忙地说：

"你要升官了！"

李聚奎不信，说：

"好家伙，你骗我烟抽！"

邓小平说：

"军委决定抽你到红四方面军去担三十一军参谋长，命令已经下来了。"

当时，中央红军干部多，红四方面军兵多干部少，所以红四方面军的徐向前朝中央红军要干部。

李聚奎听完就去问聂荣臻，这好消息才得到证实。

过大雪山时，邓小平这级干部是可以骑马的，有马过雪山省劲儿多了，人可以拽着马尾巴向上爬，轻松不少。但不幸的是他的马刚刚累死了。怎么办？邓小平和战士们，坚持着往上爬。

越往高处爬，山坡越陡，路越难走，空气稀薄，呼吸越来越困难，有的同志实在累得不行了，一屁股坐下来，可再也起不来了。看到战友牺牲在雪山上，邓小平心情无比沉痛。他咬着牙，不讲话，喘着粗气，一步一步向山顶上攀登，终于登上了山顶。

下了雪山，到了四川西面的懋功。在这里红一方面军和红四方面军胜利会师了。

过完了雪山，草地又出现在红军面前。

草地虽然不像雪山那么陡峭，但要过去比爬雪山更加艰难。

过草地时，邓小平调到红一军团政治部任宣传部长。

过草地前，最关键工作是要备足粮食。因为草地是一望无际没有人间烟火的草原。地上面野草丛生，地下面黑水弥漫，稍不小心，就会陷下去，越拔陷得越深。

那年月，筹粮谈何容易。当时，上级做出死规定，每人每天要向司务长交上五个馒头，必须筹够十天的口粮，才能出发。

有一天，邓小平筹粮回来，看到杨尚昆的夫人李伯剑坐在地上生闷气。

邓小平很纳闷，他知道她有才气，会写一手好文章，人也爽快开朗，怎么会这样子呢？

原来，李伯钊等人在河边洗粮食时，捞到一些上游漂下来的麦子，就多做了几个馒头，没有上交，司务长不知怎么发现了，就来询问。李伯钊就如实说了。

司务长很认真地说："既然是筹粮，就要如数上交。"

李伯钊不服气："这是我们从河里捞出来的。"

"不管怎样来的，既然做成馒头，就应交公。"司务长毫不让步。

李伯钊没有办法，只好交出多做的十九个馒头，但心里却怎么也想不开。她认为，该交的都交够了，剩下的应归个人。气得她饭也不想吃了，坐在那里生闷气。

邓小平听了事情的原委，也坐了下来，随即，拿出了一个小布袋，从里面掏出了五个馒头，这是交公的。紧接着，他像变魔术一样，又从布袋里掏出一个馒头，递给李伯钊："你饿了，这个馒头给你。"

李伯钊推开了他的手：

"我不要，你留着自己吃吧！"

邓小平急忙说："这是我送你的，不要你还。"

李伯钊接过馒头，话也说不出来了，眼泪不自主地流了下来，她深知，这种时候，一个馒头的分量是多么重啊。

草地整整过了七昼夜。带的粮食吃光了，红军战士吃草根，啃树枝，甚至把皮带煮了吃。多少指战员被饥饿夺去了宝贵的生命；多少指战员死于疾病；多少指战员死于误食毒草；多少指战员陷进沼泽。

邓小平坚持过来了。

他是用自己坚定的共产主义信念，顽强的意志和革命乐观主义精神走过来的。

1935年10月,中央红军主力经过万水千山,终于胜利结束长征,到达陕北。

这时,已经是抗日战争爆发前夕。

战争,让邓小平由一个革命家,又成为一个军事家。

抗战之初

1937年7月7日，在日本侵略军的阴谋策划下，爆发了卢沟桥事变。

以后，日军向华北增兵，中国军队奋起还击，抗日战争全面爆发了。

8月13日，日军疯狂进攻，战火已燃烧到华东地区，构成了对南京国民党政府的直接威胁。

直到这时，蒋介石才在共国谈判桌上做出让步，下令召开由共产党将领参加的国防会议。

8月间，共产党派遣周恩来、朱德、叶剑英率团到南京参加军政谈话会，并同国民党继续谈判。

刚刚接任红军总政治部副主任的邓小平随团赴南京参加会议。他和其他人是做幕后工作，其中一个非常重要的政治文件就是他主笔起草的。

代表团在南京时，常遇日军飞机轰炸。飞机一来，国民党人都跑着躲飞机，而共产党人一点都不怕。

有一次一个国民党下级军官问邓小平：

"你们不怕炸吗？"

邓小平不紧不慢地说：

"我们早被你们的飞机炸惯了，就不怕了。"

这次会谈最终达成协议，将陕北红军主力编为国民革命军第八路军，下辖三个师。任命朱德、彭德怀为正、副总指挥。

8月25日，中共中央革命军事委员会发出改编命令，八路军下辖的三个师分别是——五师、一二九师、一二〇师。

邓小平被正式任命为八路军总政治部副主任。

1936年8月1日，是红军长征胜利后第一次在这里庆祝建军节。这天晚上，红一军团在这里举行了隆重的军民联欢晚会。

七营镇外有一条将要干涸的小溪，河边有一片沙滩。太阳落山以后，河滩上亮起了几盏气灯，指战员们在河滩上搭起了舞台。舞台设施虽然简单，却是宽敞明亮的。

台下坐满了红一军团的官兵和驻地群众，观看军团和文艺宣传队的演出。节目短小，生动活泼，大家看得都入了神，连蚊子叮咬都无暇顾及了。

在演出过程中，不知是哪位出了个点子，军团直属队突然大声呼喊起来："欢迎邓副主任给大家唱个法国歌曲，好不好！"

不知谁把报情摸得这么准，知道邓副主任在法国留过学，精通法语，爱说爱笑，可听过他唱歌的人却不多。

接着，台下欢呼起来，好！好！快请邓副主任给我们唱一个！大家热烈鼓掌欢迎。

有个刚当兵不久的新战士，轻声地问身旁的一位老战士："邓副主任能唱吗？"

这个老兵说："邓副主任可平易近人了，什么架子也没有，他一定能唱。"

果然，随着一声响亮的四川话："来就来一个。"

1936年，红军第一军团和十五军团的部分领导干部在陕西淳化县。前排左起：王首道、杨尚昆、聂荣臻、徐海东；后排左起：罗瑞卿、程子华、陈光、邓小平。

邓小平登上了台，在明亮的灯光照耀下，他显得容光焕发，精神饱满。他说："我给大家唱一支法文的《马赛曲》，歌词的大意是……"他介绍完这后，便放声唱了起来。

邓小平虽然来一军团时间不长，但是，他的学识、人品、他的为人，为广大指战员所熟知。同志们把他看成是自己的兄长。

红一军团驻在七营镇的时候，由于国民党军队的严密封锁，当时红军的生活条件异常艰苦，顿顿都是高粱面馒头，连口咸菜都吃不到，吃得嘴里都直冒酸水。

端午节这天中午，同志们以为今天伙食能有改善，到开饭的时候，大家一看还是高粱面馒头，有的忍不住用筷子敲起碗来了，讲起怪话："过节了，还吃这些东西！"

邓副主任听了战士们的牢骚话,也不说话,在一旁大口大口地吃着高粱面馒头。他狼吞虎咽地吃完了午饭,带上通讯员,拿着猎枪,进山去了。

晚饭的时间到了,战士们磨磨蹭蹭不爱来吃饭,他们想,肯定还是老一套,早就没有了食欲。

没料到,还没到厨房,一股扑鼻的香味就飘了过来,炊事班长高兴地招呼大家:"快来吧,今天打牙祭,有邓副主任打的野鸭子。"大家一拥而上,想看个究竟,但一拿起勺子来,战士们反而迟疑了。他们想,邓副主任天天贪黑起早,非常劳累,却和我们一样吃高粱面馒头,人瘦得都变样了。今天好不容易打了几只野鸭子,该留给他滋补一下身体。于是,他们还是拿起了高粱面馒头,夹了一些白萝卜吃了起来。

不一会儿,邓副主任来到了厨房,他看到没人动野鸭子汤,心里明白了。

他操一口四川方言说:"今天是端午节,我和通讯员特意上山去,几只野鸭子碰到我的枪口上了,它们要慰劳红军嘛,你们还客气什么!"他拿起勺子,捞起一大块鸭子肉,倒在一个战士的饭碗里。

又说:"咱们红军有个老规矩,就是有盐同咸,无盐同淡,大家快把这锅鸭汤报销喽!"

指战员们听邓副主任作了消灭鸭子汤的战斗动员,都拿起了勺子,一会儿的工夫,就把一锅汤喝得一干二净。

实际上,与邓副主任打过交道的人都知道,他总是以普通一兵的身份出现在指战员之中,从来不摆官架子。住在七里营的时候,政治部同志要到十里以外的山里去背粮食。出发的时候,邓副主任也匆匆赶来了,和大家一起背粮去了。

同志们看到邓副主任也要去背粮,纷纷劝阻:"邓副主任,你工作这么忙，就别去了。"

邓小平望了望大家，说："怎么，我就不吃粮？去背粮的命令是我下的，我就要带头执行。"说完，他就向队伍的前头走去。

9月21日，邓小平随同八路军总部到达太原。

从此，共产党领导的八路军正式进入抗日前线，投身打击日本侵略者的熊熊战火之中。

9月25日，八路军一一五师在平型关伏击日军，获得大胜，歼敌一千多人，击毁汽车一百多辆。

这是八路军与日军打的第一仗，粉碎了日本鬼子不可战胜的神话，大长了八路军的声威。

邓小平在八路军总政治部主持日常工作，也非常忙，而且还要经常离开总政治部冒着危险到各县发动群众，建立党的组织。

刘邓开始合作

1938年1月，中央军委任命邓小平到一二九师，接替张浩，任一二九师政治委员。时年他三十四岁。

一二九师的师长就是刘伯承。

从此刘邓组成黄金搭档，开始十三年亲密无间的合作。

1938年1月18日，邓小平来到驻在山西省辽县西河头村的一二九师师部报到。

因为刘伯承去洛阳参加军事会议，他来到时没看见刘伯承。

1月27日，刘伯承回到师部，和邓小平见面了。他们以前就见过面，并不陌生。

刘伯承也属龙，比邓小平大一轮。他在加入共产党前，就是川中名将。后参加过南昌起义，又到苏联伏龙芝军事学院留学，回国后又成为红军名将。

因为刘伯承在早年战事中痛失右眼，被称为独目将军，因他用兵如神，又被誉为常胜将军。

刘邓刚刚组合，就取得了长生口、神头岭和响堂铺三战三捷。

长生口之战是2月21日打响的，激战五个小时，歼敌一百三十多人，击毁敌人车辆五辆，缴获一批武器。

神头岭之战是3月16日凌晨4时打响，八路军先攻黎城，引潞城之敌一千五百多人来援，在神头岭设伏，三面出击，展开白刃搏斗，激战两小时，全歼来援之敌，缴获枪支骡马数百。

响堂铺之战是邓小平和副师长徐向前亲临前线指挥的，3月31日打响。一二九师见日军为支持晋南、晋西之敌向黄河各渡口进犯，在邯长大道上加紧运输，每日汽车不断，决定在涉县响堂铺设伏，袭击日军运输部队。

战斗打响，八路军先以猛烈火力压制住敌人，随即发起冲击，与敌人白刃格斗，两小时，结束战斗，歼敌四百多人，焚毁军车一百八十辆，并缴获许多武器装备。与此同时，还击退日军来援之敌千余人。

刘伯承认为响堂铺战斗，堪称伏击战的范例。

朱德在对中外记者分析日军强弱点时，就指出，日军的弱点之一就是：胆怯，怕肉搏战。

而一二九师这三次伏击战中有两次都与日军进行了白刃搏斗，让日军精良的武器派不上用场。

八路军在敌后神出鬼没，给日军制造了很大麻烦，终于使日军下决心要消灭八路军。

4月4日，日军以第108师团为主力，调集三万多兵力，对晋东南抗日根据地发动规模空前的九路围攻。

日本鬼子的主要目的是企图把八路军总部逼到辽县、榆社、武乡、

1938年1月，邓小平任八路军一二九师政治委员。这是一二九师领导人在山西辽县（今左权县）桐峪镇合影。左起：李达、邓小平、刘伯承、蔡树藩。

襄垣地区加以消灭。

八路军总部把一二九师作为粉碎日军九路围攻的主力。

一二九师根据八路军总部命令，转入外线，隐蔽集结，寻机歼敌。

4月10日前后，日军九路进攻已有六路受阻，只有三路进入根据地腹地，相继占领了沁县、武乡、辽县等城。

4月14日，一二九师接到八路军总部命令：占领武乡的日军可能去增援子洪地区被包围的敌人，令他们向武乡靠近，寻机打一个歼灭战。

接到命令后，刘伯承、徐向前、邓小平率一二九师主力及第三四四旅（从一一五师拨过来）的六八九团，在4月15日傍晚飞速赶到武乡县城西北。

他们来到这里，得知武乡的日军刚从这里带上辎重骡马弃城沿浊漳河向襄垣方向退去。

刘伯承和徐向前、邓小平商议后，果断下令，部队分左右两个纵队迅猛追击。

16日拂晓，追了一夜的左、右两纵队超越日军，并把日军夹击在武乡以东长乐村地区。战斗打响后，日军被截为几段，困在狭窄的河谷里无法展开，已通过长乐村的日军回头救援，又遭到八路军顽强堵击。

激战到黄昏，战斗结束，共歼灭日军两千二百多人，击毙战马近六百匹，缴获一部分枪支和其他军用品。

八路军也付出了伤亡八百多人的代价。

但这一仗是粉碎日军九路围攻的决定意义的一仗。此后，日军其他各路纷纷退却。八路军又收复了十多座县城。

此后，一二九师转战在山西、河北、河南、山东四省交错的华北广大地区，开辟了晋冀鲁豫抗日根据地。到1938年底，其人口达两千三百万，部队发展到十三个团，基本武装近三万人。

严斥马夫

1937年卢沟桥事变，抗日战争的枪声打响了。不久，邓小平调任八路军一二九师任政委，带领部队开赴抗日前线。

有一天上午，太行山附近一个小镇里突然响起了急促的马蹄声。一匹枣红色的高头大马急驰在狭窄的街道上，见此，路上的行人纷纷躲开。骑在马上的是一个年轻的八路军战士，他显得很兴奋，还不时地向路边群众微笑。

马过一条弯道时，只听"啪"的一声，一位老太太，行动不便，躲闪不及，被马撞倒在地。但骑马的战士却不知道，仍然抖动缰绳，向前奔去。

这名战士叫王兴芳，是一二九师邓政委的马夫。邓政委接到上级通知，要他马上到延安去参加一次重要会议，王兴芳急着给邓政委的马挂掌。

王兴芳虽然年纪不大，但资历比较深。参加过二万五千里长征，多次参加过战斗，负过伤。到邓政委身边以后，工作积极主动，肯于吃苦，邓政委很喜欢他。小王给马挂完掌以后，骑上马，兴高采烈地回到驻地。

刚进院子，就看到邓政委两手叉腰，怒气冲冲地站在那里。

王兴芳一看愣住了，这是怎么了？邓政委平时总是和和气气的呀！

"王兴芳，下来！"邓政委发话了，声音不大，但很严肃。

王兴芳下了马，走到邓政委身边，胆怯地问："邓政委，怎么了？"

"怎么了！都是你干的好事，骑马过街时，撞坏了老大娘，你知道吗？"

王兴芳呆住了，他想起刚才马后那"啪"的一声响，原来是撞着人了，吓得汗都出来了。

邓政委板着面孔说："虽然你撞的老大娘伤势不重，可街上的老乡都看到八路军骑马撞人，影响太坏了。"

听说老大娘伤不重，王兴芳的心放下了。他想，我也是为了抢时间，不耽误首长到延安开会，邓政委发那么大火不值得。想是这么想，嘴里却不敢讲出来，他只是呆呆站在邓政委面前，眼睛看着自己的脚尖。

邓政委看出了王兴芳的心思，接着又说："现在正是团结抗日的时候，人民群众一心向往共产党，你是共产党领导的八路军战士，用这种态度对待群众，影响多不好！人民群众是水，我们军队是鱼，鱼能离开水吗？我们不爱护人民群众，人民群众就不会拥护我们，到那时候，不要说打日本，恐怕连我们自身都难保啊！这样严重的后果，你想过没有！"

邓政委的话虽然不长，却很有分量，句句说到王兴芳的心上。王兴芳低下了头，自己负伤时，是人民群众用乳汁和鸡汤救活了他，长征路上过草地时，他陷进了沼泽地，是藏族老阿爸舍命相救。人民群众爱护关心自己的生动画面，一幕一幕地浮现在眼前，不由自主地流下了泪水。他慢慢地抬起头来，看着邓政委："我错了，请政委给我处分吧！"

邓政委的火气消了下来，拍拍王兴芳的肩头说："小伙子，你还要向群众赔礼道歉。我这有几元钱，你拿去送给老大娘作医疗费。"

王兴芳说什么也不接邓政委递过来的钱,他晓得,这是首长到延安的路费啊!

邓政委把钱往王兴芳的手里一塞:"这是命令!快拿上。"说完,他骑上马就走了。

紧急情况

1938年4月，春暖花开时节，八路军一二九师挺进太行山。

这一年的春天，是个艰难困苦的春天。日本鬼子对太行山抗日根据地进行多路围攻，八路军一二九师在师长刘伯承、政委邓小平指挥下，同敌人展开了激烈的搏斗，并且取得了节节胜利。

有一天，却出了个紧急情况。

入夜了，月光明亮。在银色的月光下，两匹快马从一二九师师部驰出，"嗒，嗒"的马蹄声使寂静的太行山夜晚变得嘈杂起来。这是两个骑兵通信员，正在执行送一份绝密文件的任务。让他们用最快的速度把文件送到西黄村三八六旅的驻地。

军令如山，不得延误。两名通信员策马飞驰，恨不得一步就到。

当他们到了营头村时，烟瘾犯了。想起这里是供给部的驻地，采购站有个张科长是老熟人，正好去向他要点烟抽。于是，两人进了营头村，坐在张科长的炕上，拿过卷烟纸，放上烟叶，卷起来点着，美滋滋地抽上几口。然后，两个人，急忙起来，跨上马，向西黄村飞奔而去。

两匹马跑了整整一夜，在天刚放亮的时候就赶到了三八六旅部。见到旅长陈赓，两人正正规规地敬了个礼，礼毕，一掏文件，不由得吓出一身冷汗，文件没有了！两个通信员吓得脸色苍白，话都说不出来。

陈赓旅长拿起电话，立即向师部报告了这个情况。师部顿时紧张起来，因为这是一份作战命令，是刘邓首长亲自签发的。命令三八六旅从平汉铁路西侧向南进攻，粉碎敌人的包围。这样一份绝密文件，假如落在敌人手里，必将造成重大损失。

刘伯承师长把参谋处长李达叫来，严厉批评一通。邓政委也很着急，他对李达说：

"文件决不能落到敌人手中。先派一个参谋带上通信员沿路仔细找一找，要快，要冷静，要认真想一想通信员最可能掉到什么地方。"

邓政委的话是命令，也是启发思路，交代方法。李达立刻把作战科参谋苟元书叫来，命令他带上骑兵通信员沿途去找文件。

根据邓政委的指示，李达处长特意提醒："路过营头村的时候，要到供给部采购站去看看，看通信员昨晚去过那里没有。"

苟参谋带着通信员出发了。沿途，两个人睁大了眼睛，路边上、草地里，不停地查看，就是不见那份文件的踪影，越是找不到文件，他们心里就越慌，真要是找不到，可怎么交代呀！

走着，走着，到了营头村，进了采购站，张科长正在急着呢！一见苟参谋来了，他兴奋地说：

"你们可来了！昨天晚上两个通信员来向我要烟抽，等他们走后，我发现炕头上放着一份绝密文件，急忙去追他们，可是追不上了。"

苟参谋的心这才落了地。他接过文件认真地看了看，文件原封未动，他赶紧向张科长告别，直奔西黄村。

下午3点钟才赶到三八六旅旅部，人已是大汗淋漓，马也是气喘吁吁了。

陈赓旅长是个急性子的人，这一天他心急火燎，不知这份文件丢失了会造成什么样的后果。

看到苟参谋送来了文件，他狠狠地批了一顿，说："你们耽误了我们七八个小时，简直成问题。"

苟参谋回到师部，已经到了夜里。刘师长和邓政委还没有睡，在等他们回来。

看到苟参谋带着无精打采地战士回来，邓政委把他们叫到跟前，对苟参谋说：

"你们年轻，缺乏经验，但这件事对你们来说是一个沉痛的教训。不处分，但教训必须接受。

"最主要的教训就是，我们司令部的每个工作人员必须有高度的责任心。"

接着，转过身来对李达说："这件事情你也有责任，平时教育不够，对工作检查督促不严，这也是教训。"

李达认真地听着，表示接受批评。李达叫来通信连长，命令将丢失文件的两个通信员禁闭一天，以示惩戒。

邓政委又说话了："发生这样的事是第一次，文件又找回来了，是不是禁闭就不关了，主要是教育嘛！"

李达点头，表示同意。苟参谋和两个通信员看着邓政委，真不知道该说什么好。

关心战士

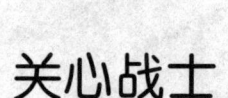

银色的月光，洒在小小的院子里。周围的群山像威武雄壮的武士一样，矗立在淡白色的月光之下。邓政委的屋里，还亮着灯光。邓政委还在灯下读书，他是那么认真，专注。

怎么能让邓政委住在一个阴暗潮湿的小屋子里呢？原来邓政委与人换了房间。

那一次，邓政委和警卫班住进了一个农家的院子里。邓政委住在西屋，这个屋子大一些，比较敞亮，是房东住的屋子，干燥又通风。警卫班住进东屋，这个屋子小一点，一直是房东堆放杂物，当仓库用的地方，屋里既潮湿又阴暗，没有窗户，黑咕隆咚的。

行李安顿好了以后，邓政委来到东屋看大家。他告诉班长王化民："让大家都洗洗脚，不洗脚休息不好。"边说边观察屋里的居住条件。

警卫战士都洗完了脚，正准备睡觉时，邓政委又进来了，他说："你们过来几个人，同我一块住。"

战士们担心影响政委休息，推来让去，谁也不肯过去。

邓政委见战士们都不来，有点急了，就用命令的口气说："要是都不过去，那你们快把我的床抬到这个屋子里来，咱们换房子，你们都到我

在山西洪洞县马徽村八路军总部合影，左起：左权、彭德怀、朱德、彭雪枫、肖克，右一为邓小平。

屋子里去住。"

警卫班长王化民忙说："那可不行，首长应住好一点的房子。"

邓小平接着说："怎么不行，你们这么多人挤在这间小屋子里，怎么能休息好？休息不好，明天还能行军打仗吗？我一个人住那么大的房子干什么？"

这一连串的追问，问得王化民哑口无言。但他还是不死心，吞吞吐吐地说："首长，这房子又暗又潮，不能让您去住啊！"

邓小平瞟了他一眼："怎么这么啰唆，你们住得，我就住不得，快搬吧！"

大家都了解邓政委的脾气，他定的事，只能照办，不能有半点懈息，于是，东西屋子就进行了调换。

住到西屋里，战士们心里热乎乎的。可是，王化民怎么也睡不着，他想起，自从到邓政委身边来工作以后，政委对他关怀备至，邓政委不仅在生活上，而且更注重在政治思想上教育他。

在战斗间隙，还教大家学文化，提高大家的文化水平。王化民想起来，有一次，邓政委教战士写"警卫"两个字，这个"警"字笔画多，王化民写了好几遍还不会，是邓政委手把手，一笔一画地教他学会了这个字。

想到这里，王化民怎么也睡不着了，他翻身起来，来到院子里，看见邓政委屋里的灯还在亮着……

一块鸡骨头

有一天,一二九师师部驻扎在一个小山村。

激烈的战斗刚刚结束,长途行军后的战士们都筋疲力尽,早早就睡下了。

邓政委照例到警卫班,察看战士们的休息情况。他就像一个慈祥的长者,对战士就像对自己的儿女一样,把他们的冷暖时刻挂在心上。行军作战不管有多疲劳,邓政委总要到战士屋里看看,帮他们盖盖被子,生怕他们冻着。当时,他也不过三十五岁,但被战斗的烈火锤炼得非常成熟、老练。

战士们看到邓政委进来,急忙都坐了起来。有的战士已经入睡了,坐起来揉着睡意蒙眬的双眼,要准备下炕。

邓政委回转身来,正要出门时,脚被硌了一下,他低头仔细一看,是一块鸡骨头。这时,他停住了,问:"你们吃老乡的鸡啦?给钱没有?给多少钱?"

王化民看到邓政委这么认真,也有点紧张了,不知怎样回答政委的问话。说实话,没给钱,可是又怕政委批评,便壮着胆子说了谎话:"给钱了。"

邓政委看了看王化民，追问：

"你们的钱是从哪里弄来的？谁给你们发的买鸡钱？"

这一问，王化民冷汗出来了，只好如实向邓政委汇报。

原来，部队进村后，老乡们就送来了许多慰问品。因为一二九师在这一带驻的时间比较久了，接连打胜仗，又特别关心爱护人民群众，所以，当地群众都把他们看成是自己的亲人，总是用最好的"礼品"慰问战士们。

开始战士们说什么也不收，再三向老乡申明八路军的纪律。但老乡们就是不走，说什么军队的纪律我们都知道。你们现在驻在我们村里，就要入乡随俗。照我们的规矩办。

一位老大爷还动情地说："你们打鬼子，连死都不怕，就是为让俺过上好日子，这点东西算什么，这是乡亲们的心哪！"

说着，乡亲们放下东西就走了。弄得战士们也不知道如何是好，只好把这些慰问品当作一顿晚饭吃了。不注意还掉到地上一块鸡骨头，被细心的邓政委发觉了。

邓政委听了事情的来龙去脉之后，看着战士个个低着头，那种自责的神态，没有严厉批评他们。

他郑重地说："你们知道不知道这是违反纪律呀！我们是人民子弟兵，就要关心爱护群众，不能吃他们的东西不给钱。老百姓也不容易啊！"

听了邓政委的一席话，战士们都觉得不该这样做。

这时，邓政委从上衣口袋里掏出了一块大洋，交给班长王化民说："快把钱还给老乡。"

邓政委看到王化民面有难色，他又说："要是老乡不收，就告诉他们因这件事首长要处分我们，要好好说清楚，这是我们的纪律。"

这一个晚上，警卫班的战士们翻来覆去，怎么也睡不着。

跃马太行山

1939年9月初的一个傍晚。

在延安杨家岭毛泽东的窑洞前,举行了一个聚餐。当时在延安的中央的高级领导人,能来的都来了。

其中有毛泽东和夫人江青、张闻天和夫人刘英、李富春和夫人蔡畅,还有刘少奇、博古等人。

因为这不是一般的聚餐,这是两对新人的婚宴。

一对新人是孔原和许明。

一对新人是邓小平和卓琳。

邓小平是7月间,离开战火纷飞的战场,返回延安参加政治局扩大会议。

在延安,在老战友邓发等人的帮助下,成就了邓小平与卓琳的姻缘。

卓琳本名浦琼英,生于云南著名实业家的家庭,其父就是云南著名"火腿大王"浦在廷。她1916年4月出生,是家里第七个孩子,也是最小的孩子。

她幼年是无忧无虑的,在父母、哥哥姐姐的呵护中长大。

在读中学时,她受到一个共产党员女教师的影响,追求自由,追求妇女解放，追求革命的概念在心底已明确。

1932年，她考入了北平第一女子中学。

她参加了1935年的"一二·九"示威游行。

1936年，她考上了北京大学物理系。

这一年，她的两个姐姐浦代英、浦石英也征得家里同意，到北平来读书。

1937年7月，抗日战争爆发后，三姐妹先后来到延安。

1938年初，浦石英和浦琼英在姐姐浦代英之后，也加入了中国共产党。

浦琼英准备被派往敌后工作，在特别训练班学习时，因工作需要改名为卓琳。

新婚之夜，新郎孔原被灌醉了，惹得新娘许明一顿埋怨。

这边，同为新郎的邓小平也没少喝，他有敬必饮，竟然未醉。

1939年9月，邓小平（右一）和卓琳（右二）；孔原和许明在延安举行了简朴的婚礼。这是两对新人结婚时的合影。

事后揭开谜底,是老战友李富春、邓发爱护邓小平,给他弄了一瓶白水充作酒。

几天之后,邓小平夫妇一起启程,奔赴前方,奔赴太行山。

卓琳被留在八路军总部,担任妇女训练班队长。

邓小平马不停蹄,回到了辽县桐峪村的一二九师师部,开始新的战斗。

到12月初,刘邓指挥一二九师进行大小战斗二百多次,毙伤日伪军两千八百多人,还击落敌机一架。

12月,奉八路军总部命令,一二九师在邯长大道上利用日军换防兵力减少的机会,发起邯长战役。

战役从12月8日到12月26日,连续进行了几十次激烈战斗,共毙伤日伪军七百多人,收复据点二十三处。

刘邓指挥的常胜部队,终于胜利跨进了1940年。

1940年对共产党和八路军都是艰苦的一年。

一面八路军要打击日本鬼子,另一面还得对付国民党顽固派的反共摩擦。

一二九师更是受命成为反击国民党顽固派的主力。

1940年1月,在冀西,一二九师消灭国民党朱怀冰、鹿钟麟部队八千多人的大部。

2月初,在冀南,国民党石友三部向八路军大举进攻。一二九师从2月9日到16日,重创石友三主力,逐石友三部出冀南。

2月22日卫东战役打响,一二九师经过连续作战,到4月8日,在平汉战役以东,消灭石友三等国民党军六千多人,把对方驱逐至冀鲁豫区边沿。

3月5日,磁、武、涉、林战役打响。邓小平亲赴前线指挥,一二九师十三个团投入战斗，采用包抄穿插战术，仅用五天时间共歼磁县、武安、涉县、林县地区朱怀冰部一万多人。

此役，取得了打击国民党第一次反共高潮的决定性胜利。

在一系列与国民党反共顽军斗争中，刘邓领导下的晋冀鲁豫根据地进一步得到巩固，全区武装力量扩大到十一万人，控制了七十一个县，约八百万人口的广大地区。

1940年4月11日，为了统一太行、太岳、冀南三个区的领导，成立了太行军政委员会，邓小平兼书记。

刚刚战胜国民党反共顽军，日本鬼子就开始了对抗日根据地进行"囚笼"般包围和分割。

一二九师在刘邓亲自指挥下，在5月进行了白晋战役，打了一天两夜，毁桥五十多座，破坏白晋铁路一百多里，炸毁敌人火车一列、毙伤敌人三百五十多人。

此后，一二九师在三个月中，又连续进行大小破击战四十多次。

1940年8月，一二九师加入了八路军的"百团大战"。

此战共打了三个月，刘邓亲临战斗第一线，进行指挥。一二九师战果是：破坏铁路一千一百八十多里、公路一千多里，大小战斗打了五百二十九次，一度收复县城九座，毙伤日伪军七千五百多人。

就在"百团大战"时，卓琳来到一百二十九师师部，在秘书科工作，开始随同丈夫艰苦转战，吃苦历险。

1941年，在日军和国民党反共顽军的夹击下，共产党华北敌后抗战，进入了最艰苦、最困难时期。

1941年初，爆发了震惊全国的"皖南事变"，这标志着国民党第二次反共高潮的到来。

而日本鬼子又加紧了对抗日根据地的"扫荡"、"清剿"，实行

"烧光、杀光、抢光"的"三光政策",特别是6月苏德战争爆发后,日军气焰更加嚣张。

1941年下半年,侵华日军采取了"铁壁合围"、"梳篦清剿"的残酷作战方式,长时间、大规模地对华北抗日根据地进行疯狂"扫荡"。

就在这战争紧张残酷的一年,邓小平大女儿邓林出生了。

因战事紧张,军队转战不定,女儿生下七天后,就被卓琳忍痛寄放到黎城县的一个老百姓家里哺养。

而卓琳又马上随部队转战他乡。

1941年12月7日,日军偷袭美国海军基地珍珠港。太平洋战争爆发了。

1941年12月9日,国民党政府终于对日宣战。

由于国民党对日宣战,吸引了日军大量兵力,敌后抗日根据地方才减轻了一些压力。

可经过日军"扫荡"之后,抗日根据地生活相当艰苦,更要命的是1942年又天灾不断。

水灾、旱灾、虫灾、雹灾,自然灾害加战祸,人不死也扒一层皮。

到1942年夏,由于国民党军队连连后退,日军又腾出手来对抗日根据地进行大规模的"扫荡"。

天灾和日军的疯狂"扫荡"都未能使抗日根据地军民屈服。

一二九师在刘邓指挥下转战在太行山,胜利地度过了最艰苦的1942年。

战天斗地打敌人

1943年2月，苏联红军取得了斯大林格勒战役的伟大胜利，开始对德国法西斯进行战略反攻。

在太平洋战场上，美军攻占瓜达尔卡纳尔岛，进入战略反攻。日军仓皇转入战略防御。

在这样有利的形势下，世界反法西斯阵线的人民情绪高涨，斗志昂扬。

1943年5月，在豫北的国民党庞炳勋、孙殿英部投敌后，配合日军进犯抗日根据地。

一二九师发起了卫南和林南战役，共歼日伪军一万两千多人，并开辟了卫南、豫北的广大地区。

从9月到11月，一二九师进行反"扫荡"大小战斗三百多次，歼敌四千多人，恢复和开辟了部分地区。

八路军要战斗，但因为天灾粮食奇缺，却吃不饱。

1943年先是旱灾，到夏秋又发生了规模空前的蝗虫灾害。这次毁灭性的灾害直至1944年，波及大半个边区，使根据地庄稼几近无收。

根据地本来缺衣少食，又有大批灾民涌进。根据地干部原来每人每天供应一斤粮食，这回还要响应号召节约二两救济灾民。

刘邓首长只好和战士们一样吃野菜稀饭。

野菜吃光了，最后连树叶子都成了宝贝。

要抗灾自救，根本出路是发展生产。

这一时期，邓小平在发展生产上投入了大量精力。

对于灭蝗，人们想出许多办法，可邓小平提的办法只有一个字：

打！

于是全区军区一起打蝗，各级领导也加入了灭蝗大军。

不但打蝗，而且还发明了吃蝗。有人说，吃蝗虫解饥，还有营养。

以邓小平为首的太行分局带领根据地军区战天、斗地、打鬼子，取得了很大成绩。

10月6日，中央决定中共北方局与太行分局合并，邓小平接替彭德怀代理北方局书记。同时，八路军总部与一二九师合并，总部直接领导一二九师部队和太行、太岳、冀南、冀鲁豫四个军区。

因彭德怀、罗瑞卿、刘伯承先后赴延安学习，邓小平开始负责主持北方局和晋冀鲁豫地区的全面的军政工作。

他要独当一面，这副担子实在不轻。

这一年，他才三十九岁。

卓琳这时把女儿从老百姓家里接出来，托赴延安的蔡树藩夫妇带去延安，送进保育院。

1944年，世界反法西斯战争进入大规模反攻阶段。

在欧洲战场上，苏军连续给德军以毁灭性的打击，完全掌握了战争的主动权。

在太平洋战场上，美军正向马利亚那群岛和菲律宾进逼，并开始对日本本土实施轰炸。

在中国战场上，形势在向着中国抗日军民有利的方向转变。

但是，蒋介石为了保存实力打共产党，却指挥他的军队一退再退，

邓小平和卓琳在太行山

让垂死的日军仍然猖狂。

毛泽东却在1944年春天下令：八路军可以转入战略反攻。

晋冀鲁豫地区，八路军对敌军发动了春夏攻势和秋冬攻势，开始进行局部反攻。

经过英勇顽强的攻势战斗，到1944年底，在北方局和八路军总部直接领导下，晋冀鲁豫区军民，共歼敌七万六千多人，收复县城二一座，解放人口五百多万，从侵略者手中收复国土六万多平方公里，使战局发生了有利于我的变化。

可想而知，这期间主持全面工作的邓小平的工作该有多么繁重。

他不仅要指挥部署军事工作，还要领导全区的生产，同时还要抓政治教育工作，继续开展整风运动。

进入1945年人们已看见胜利的曙光。

1945年1月，中央北方局，八路军总部和一二九师师部，向全晋冀鲁豫区发出命令：

集中优势兵力，向敌人守备薄弱的地方，发起进攻。

春季攻势打响了。

冀鲁豫地区发起大名之战，收复古城大名。

太行区发起道清战役，歼敌两千五百多人，收复国土两千余平方公里，解放人口七十五万。

太岳区发动豫北战役，攻克据点四十多处，歼敌两千八百多人。

紧接着春季攻势，华北大地上的八路军又迅猛地展开了夏季攻势。

夏季攻势向春季攻势一样，也是连战连捷。

春、夏两季攻势共进行大小战斗两千三百多次，攻克敌据点两千八百多处，收复县城二十八座，歼敌三万七千八百多人，太行、太岳两区连成一片。

抗战形势一派太好。

1945年5月8日，在欧洲，德国法西斯无条件投降。

日军在垂死挣扎。

1945年4月23日至6月11日，在延安，中国共产党召开了第七次全国代表大会。

邓小平没有参加"七大"，他一直在前方指挥战斗。

但"七大"选举出的四十四名中央委员中，赫然有邓小平的名字。

6月中旬，邓小平接到中央通知，让他回延安参加党的七届一中全会。

6月29日，在交办了一切工作之后，邓小平启程回延安。

8月15日，日本宣布无条件投降。

至此，第二次世界大战胜利结束，中国人民也结束了艰苦卓绝的八年抗日战争。

延安沸腾了。

中国沉浸在抗战胜利的喜悦里，但战争并没有结束。

开始打老蒋

8月25日，一架美国飞机从延安起飞。

飞机上乘坐的全都是中国共产党各区的前线最高指挥官，计有刘伯承、陈毅、林彪、邓小平、陈赓、薄一波、陈锡联等二十多人。

当日，飞机在太行山黎城县的老宁机场着陆。

刘邓下飞机后，随同李达参谋长派来迎接的一个骑兵排，奔赴军区驻地——赤岸。

不是抗战胜利了吗？这些高级将领何以如此匆忙？

抗战胜利后，蒋介石一时还未准备好打内战，又迫于舆论，于是一方面通电邀毛泽东赴重庆谈判，一方面在美国飞机、军舰的帮助下运兵抢地盘。

共产党也是两手准备，一方面毛泽东赴重庆谈判，一方面把各区高级指挥官迅速派回前线，做好战斗准备。

共产党吃蒋介石的亏太多了，也学精了，不容易再上他的当了！

刘邓回到太行后，立即投入繁忙的军政工作。

此时，遵照中央决定，为了统一太行、太岳、冀鲁豫、冀南解放区的领导，特成立中共中央晋冀鲁豫局，邓小平任书记。

同时，一二九师改为晋冀鲁豫军区，下辖五个纵队和四个军区，刘伯承任司令员，邓小平任政治委员。

全军区有野战部队八万多人，地方部队二十三万多人。

8年抗战，共产党的军队不仅没打少，还迅猛壮大，参加抗战时是三个师四万五千人。抗战后发展到一百二十万，民兵武装二百二十万。

国民党军队也以牺牲老百姓为代价，保存实力，仍有四百四十万人。

正因为蒋介石占有绝对的兵力优势，他才不想和共产党真和谈。他一面假谈判，另一面已经下令向解放区进攻了。

9月中旬，国民党调动三十六个军七十三个师，向解放区进兵，企图尽快控制华北和华东的战略要地，打开进入东北的通道并抢占东北，以强大的军事压力，逼迫中共在谈判中屈服。

晋冀鲁豫解放区地处华北战略区域的中央大门。

要攻占华北必先攻占晋冀鲁豫这"四战之地"。

要攻占这"四战之地"必先攻占今兵家要地上党地区。

危险的是，在8月中旬，国民党阎锡山部一万六千人，已侵入太行山腹地的上党地区，占领了襄垣、潞城、长治、长子、壶关、屯留等城。

面对四面八方气势汹汹开进的国民党军队，上党之敌已构成心腹大患，如不速歼，等敌人逼近，我军将腹背受敌。

基于这一情况，刘邓上报中央，请求进行上党战役，把阎锡山进犯之敌消灭。

刘邓做出这一决定也是迫不得已，要知道以目前的实力，与阎锡山的精锐部队硬拼是需要一定勇气的。

中央批准了刘邓的作战方针。

9月7日，刘邓在进行战斗部署之后，下达了发动上党战役的命令。

9月10日，战役正式打响。

我军首先攻克屯留、潞城、壶关、长子、襄垣，孤立了长治。

然后对长治合围，用围城打援的战术歼灭敌人有生力量。

敌人的援军被围困后，实施突围，又遭追击堵截，终溃不成军，几被全歼。

长治守军见待援无望，弃城突围，逃到沁水而遭全歼厄运。

10月12日，上党战役胜利结束。

此役歼敌十一个师，一个挺进纵队，共三万五千多人。生擒敌十九军军长史泽波。

对此役，毛泽东高兴地说：

"他们进攻的军队共计三万八千人，我们出动三万一千人。他们的三万八千人被消灭了三万五千，逃掉两千，散掉一千。这样的仗，还要打下去。"

上党战役，是抗战后，我军对国民党军队的第一仗，也是我军所进行的第一个较大规模的歼灭战。

上党战役后，邓小平和刘伯承从前线返回赤岸，小山村为胜利而沸腾了。

邓小平更为高兴的是他又得了一个女儿。

这时，他已经有两个女儿和一个儿子了。

大女儿邓林1941年出生，生下后送到老乡家喂养，4岁送到延安，寄放在保育院。

儿子邓朴方1944年出生在太行山辽县的麻田村，出生后因母亲没有奶，也被送到一个农民家喂养。

1945年上党战役后出生的女儿后来起名叫邓楠，也被送到一个农民家去哺养。

10月10日，中国共产党和国民党在重庆签订了《双十协定》，双方协议要长期合作，避免内战。

10月11日，毛泽东飞回延安。

毛泽东一回到延安，就说：

"已经达成的协议，还只是纸上的东西。纸上的东西并不等于现实的东西。"

现实真是另一回事。

10月中旬，国民党四路大军相继出动，向华北进攻，企图抢占北平、天津，进而夺取东北。

在这四路大军中，孙连仲部四万五千多人，在副司令长官马法五和高树勋的率领下，从河南新乡沿平汉线北犯，准备夹击河北重城邯郸。

邯郸是河北最南部的一个城市，位于平汉铁路线上，是华北平原一处战略要地。

中央军委指示刘邓打好平汉战役，阻碍和迟滞敌军北进。

刘邓受命，加紧战略部署。

10月20日，刘邓率指挥部离开涉县赤岸村，进驻太行山麓的与邯郸近在咫尺的峰峰煤矿，实施对平汉战役的前线指挥。

平汉战役打响后，24日，敌人渡过漳河的三个军就被我军包围了，围而不猛攻，等26日敌人从石家庄、安阳赶来增援时，狠击敌援军，并对包围的敌人进行分化瓦解。

我军参谋长李达亲赴包围中的敌新马军部，见敌新八军军长高树勋，晓以大义，敦促起义。

28日，高树勋率部万余人宣布起义。

其他敌军31日开始突围，结果到11月2日几乎被全歼。

此役，除新八军起义，我军毙伤敌三千多人，俘虏敌副司令长官马法五及其以下一万七千多人，缴获大批武器物资。

11月中旬，刘邓率前方指挥部返回涉县赤岸，举行了声势浩大的庆祝胜利的大会。

12月底，野战军司令部离开赤岸，迁至武安县。

在短暂的平静里，卓琳把三个孩子都接到身边，一家五口难得团聚在一起。

1946年3月2日，野战军区领导机关又迁往邯郸。

进城后，部队开始整训。

6月下旬，随着国民党军队对中原解放区的进攻，内战全面爆发。

因晋冀鲁豫解放区地理位置重要，也就成了国民党军进攻的重点之一。

在晋冀鲁豫周围有国民党三十多万军队，集结了胡宗南、阎锡山、薛岳、孙连仲、刘峙等各路大军，虎视眈眈，伺机而动。

刘邓感到了压力，都不畏惧。

为了掌握战争的主动权并配合华东作战，刘邓报经中央同意，决定机动出击歼灭敌人。

于是兵分两路，一路由刘邓率主力四万余人向豫东方向作战，一路由陈赓率领有两万余人，归中央军委直接指挥，向晋南方向作战。

6月28日，在邯郸以南的马头车站，晋冀鲁豫野战军举行誓师大会。

刘邓在誓师大会上都讲了话。

8月10日，晋冀鲁豫野战军发起陇海战役。

在中原大地上，南北一条平汉铁路，东西一条陇海铁路，呈十字架形，构成贯穿中原大地东南西北的交通动脉。

刘邓选择的就是陇海路。

他们把部队分成两个纵队，急行七十里进行纵深地区，在陇海路开封至徐州段三百里宽的正面，突然发起进攻，到12日，攻占河南的兰封和安徽的砀山等城镇、车站十多余，歼敌五千多人，控制铁路两百多里。

由于刘邓挥师突袭，迫使敌军赶紧抽调正在追击我中原突围野战军的三个师回援开封，并调正在进攻淮南的一个军和另两个师增援砀山和徐州地区。

刘邓指挥部队连克杞县、通许、虞城等地，当敌军东、西两路逼近时，我军旋即转移到陇海队北休整。

8月22日，陇海战役结束。

此役，我军共歼敌一万六千多人，攻克县城五座，车站十处，破坏铁路三百多里。

刘邓出奇兵袭击陇海路，令国民党大为震惊。

蒋介石迅速在郑州、徐州一线集结十四个整编师、三十二个旅，共三十多万人，分六路，逼向正在休整的陇海路以北山东界内定陶、曹县地区的刘邓部队。

这时摆在刘邓面前有两种选择：

一是暂避敌锋芒，迅速撤到老黄河以北，休整部队，寻机南下歼敌。这么做，对己有利，却增大了对华东陈毅部和中原李先念部的压力，对全局也不利。

二是咬牙再拼一仗，减轻陈毅和李先念两处压力。

邓小平主张再打一仗。

刘伯承笑着说：

"我同意你的意见。蒋介石是饭馆子战术，送你一桌还不等你吃完，又送来一桌，逼着你吃。来而不往非礼也，既然来了，我们就放开肚皮吃吧。"

刘邓选定打西边较弱的敌人，于是在9月2日，发起定陶战役。

对此役，邓小平感叹说：

"我们这个部队，在外边名声很大，都叫什么刘邓大军，其实我们就这么点家底，兵不足五万，外加几门小炮、迫击炮，弹药也很缺。我们部队的这一批战士，大部分都是翻身解放的农民子弟，素质很好。陇海战役伤亡五千人，补充不多，拿这批骨干打，实在有些心疼。"

指挥战争的人有感情，而战争无情。

让敌人上钩

1946年8月25日，东西两路国民党的精锐部队向成武、单县、鱼台、东明、曹县、定陶进攻，敌人企图用这两把巨大有力的钳子，夹住我刘邓大军。

据此，刘伯承司令员和邓小平政委果断做出了部队后撤，待机歼敌的决定。

这时，六纵队正准备撤退，指战员们按照惯例，有的给老乡担水；有的向老百姓还借物品；有的帮助房东扫院子，战士们做这些事情都习以为常，得心应手。

纵队司令员王近山是位老红军，是身经百战的猛将，他正准备下山的命令时，电话铃响了。他急忙拿起电话，电话线另一端传来了熟悉的四川口音。邓政委简单地了解一下部队准备情况后，下达了命令："部队不要打扫院子，也不要挑水……"

王司令有点纳闷，不知邓政委是什么意图，邓政委一贯强调要遵守群众纪律，现在不要了？

邓政委接着说："破烂装备可以丢一点，要撤得仓促些！"

王司令还是弄不懂，他复述首长指示时，话就变成了"破烂装备应该轻装，撤得要镇静一些。"

"不，你没有完全弄懂我的意图。"电话中，又清晰地传来了邓政委的声音："不是轻装物品，背包也要扔下几个，要撤得乱一些，立即出发！"

王司令员放下电话，猛一敲脑门，顿时明白了邓政委的意图：这是让敌人上钩啊！他高兴起来，这意味着，要打一次狠仗，恶仗了。

于是，他立即命令部队撤退，途中扔了几个背包，扔下几匹病马，"狼狈不堪"地撤走了。

国民党整编第三师师长赵锡田，看到这一切，果然上钩了。率领疲惫之师，向我军急追上来，妄想把我"狼狈"之军一口吞掉，向老蒋要个头功。

在大小杨湖地区，敌整编第三师遭遇劲敌。刘邓大军的三纵队、七纵队在此等候很久。六纵队也包抄了过来，三个纵队把敌人团团围住。此时，敌军企图突围，空中飞机支援，地面援军也急驰而来，仗打得异常激烈、艰苦，两天过去了还没有歼灭被围之敌。

正在激战中，王司令员又接到邓政委的电话："王近山同志，这一仗你能不能打下来，打不下来我回去报告毛主席，他给我们的战斗任务没完成。大杨湖你拿得下来拿不下来？拿不下就把部队撤下来！"

听了邓政委的话，王近山深感责任重大。他想起刘司令员的话：两军相逢勇者胜。也想起了邓政委讲的战斗格言："不敢白刃格斗不是过硬部队，不能制胜强敌不是优秀指挥员。"

王司令员挥起手，高喊："后备队快上！"

这支后备队一上，赵锡田的部队终于挺不住了。最终被我军全歼。

战斗结束了，刘邓大军不仅消灭敌整编三师，活捉中将师长赵锡田，还歼灭敌十七个旅，共歼敌给一万七千人，取得辉煌战果。

1946年9月7日，毛主席给刘邓大军发去了贺电，电文是："6月23日电悉，甚慰。庆祝你们歼灭第三师的大胜利，望传令全军嘉奖。"

不握手会议

握手是社会上常见的礼节。

据传,在古代某个国家,人们为了互相表示没有敌意,即把右手伸出来,以示手中没有暗器,并相互握一下,增强信任。这种做法一直沿用至今,成了人们常用的礼节。

和邓政委接触过的都知道,他是有礼有节、平易近人的人。尤其是对部属也是特别的亲切,从不盛气凌人。

那他为什么要召开不握手会议呢?

刘邓大军,从邯郸出发,几个月以来,所向披靡,节节胜利。而且,战果一个比一个大。

一次,打了个大胜仗,又逢中秋佳节,广大官兵都兴奋不已。此时,几个纵队的司令员接到了通知,令其立即赶到"野司"开会去。"野司"就是刘邓领导的晋冀鲁豫野战司令部。

当时,三纵队司令员陈锡联是这样想的,出了陇海,活捉了赵锡田,接连打胜仗,部队很辛苦,今天又是中秋节。到"野司"去一定有月饼吃。

可是,一到了"野司",就觉得气氛有些紧张。六纵队司令员王近山和七纵队司令员杨勇到了以后，也都有同感。陈锡联原想要和邓政委握手寒暄一阵的词句。也不知道跑到哪里去了。

邓政委站起来说："现在开会了，今天开个不握手的会议。不要认为我们刚刚打了几个胜仗，就沾沾自喜，握手言欢，心满意足，你好我好，什么都好。"

会场更加严肃了，鸦雀无声。

邓政委接着讲："要多想想自己的不足，邯郸出发以来做得怎么样？群众纪律怎么样？内外部的团结搞得好不好？部队的指挥、战斗作风还存在哪些问题？现在发言。"

七纵队司令员杨勇如坐针毡。他回想一下，一个月以前，他率领部队打下了杨山城，正在庆祝胜利时，邓政委冒雨到了前线。他说看到胜利，也看到部队在战斗中纪律松弛，损坏了一些群众的家具等。邓政委立即召开团以上干部会议，肯定了他们打胜仗，也批评了部队存在的问题。

会正开着，敌机在头上盘旋着，杨勇担心邓政委的安全，就跑出去观察敌机动向，邓小平盯着杨勇，大声说："杨勇，怕什么。有什么关系嘛！飞机不是天天来吗？"

紧接着，邓政委又严肃地说："违反了群众纪律就得到不人民群众的支持，要获取胜利是不可能的。"

邓政委的这些话，好像还在耳边。杨勇知道肯定是邓政委又发现了什么问题了。

果然，邓政委又接着说："要多找一找自己的不足，不要只看好的地方。"

邓政委话音刚落，刘伯承司令员、李达参谋长、张际春副政委陆续发言，指出了部队最近存在的各种问题。

会议持续到下午两点钟。警卫参谋进来报告，说敌人一个军和一个师正逼近"野司"。大家一听都把目光集中到刘邓两位首长身上。

只见刘邓两位首长,交换了一下眼色,邓政委宣布:"不管他,我们接着开。"

陈锡联凑到杨勇身边,耳语道:"今天咱俩要不作自我批评,恐怕散不了会。"

杨勇也感觉到了,十分赞同地点了点头,说:"我先来检讨。"他站起来说:"我们纵队处理军民、军政关系不好,仗也打得不好,我回去好好整顿。"

杨勇刚坐下,陈锡联接着说:"三纵队发生的问题,全由我来负责。"

邓政委听到这里,脸上才露出不易看出的笑容,立即宣布散会。

这次不握手的会议结束了,杨勇、陈锡联等人,策马急驰在银色的月光下,他们想,邓政委的不握手会议,其意义是何等的深远啊!

突破黄河天险

蒋介石有五大王牌军：

新一军、新六军、新五军、整编十一师、整编七十四师。

蒋介石对付刘邓大军拿出了两个王牌：新五军、整编十一师。

在定陶战役之后，刘邓率部撤到巨野西南休整。

但敌人却不给他们休整的时间，老蒋王牌之一新五军猛扑过来！

刘邓决定碰一碰老蒋这张王牌。

于是10月3日打响了巨野战役。

一碰，全副美械装备的新五军的战斗力果然很强。

双方激战四天，敌军死伤约五千人，刘邓部队也伤亡四千多人，算是小胜。

这时，敌整编第二十七军也向刘邓部队扑来。

刘邓甩开敌新五军，又避开敌二十七军，10月29日却出其不意以优势兵力包围了从郑州出来的孙震的一个旅。

打了三天，全歼该旅九千多人，生俘旅长刘广信，缴获大批武器，好好地装备了自己。

经过四个月的战斗，刘邓军队已从二十七万人增加到三十一万人，民兵由六十万增加到七十四万人，武器装备由于国民党军队的"奉送"也得到改善。

11月18日，刘邓针对敌人要打通平汉线的企图，在平汉线以东发起滑县战役，打了四天五夜，歼敌一万两千人，把敌人王敬久、王仲廉两集团军各一部吸引过来，打乱了敌人进攻打通平汉线的计划。

为了继续打通平汉线，敌军王敬久、王仲廉、孙震、刘汝明部共九个旅五万余人，从滑县并肩北攻，杀气腾腾。

刘邓大军决心不顾敌人进犯，实行敌进我进，主力向敌后徐州西北地区进攻。部队连续行军二十多天，辗转四百多里，出其不意攻敌后方，共歼敌一万六千多，收复县城九座，迫使敌军紧急回援，又一次粉碎了敌人打通平汉线的计划。

此役从1946年12月30日到1947年1月16日，称为巨（野）金（乡）鱼（台）战役。

蒋介石被打急了。

他派心腹大将陈诚到郑州、徐州组织"鲁南会战"，调兵五十三个旅，共三十多万人，向山东南部进攻。

为遵照中央命令，扩大战果和吸引进攻鲁南的敌军主力，刘邓在1月24日发起二出陇海战役，部队在陇海路南北两侧的广大地区机动作战，到2月11日战役结束，共歼敌一万六千多人，收复了陇海路两侧广大地区。

当皖北亳县收复后，邓小平看到当地群众生活疾苦，立即下令开仓济贫，老百姓欢呼沸腾。

从1946年11月至1947年2月，刘邓大军在冀鲁豫战场，歼敌八个旅，共四万四千多人，收复县城二十五座，粉碎了敌人打通平汉线的计划，滞留了王敬久集团军主力，有力地配合了我军山东、苏北的作战。

到1947年2月，内战打了八个月，老蒋损失军队七十一万，解放投诚总兵力却上升到一百六十万。

因为老蒋连连损兵折将，兵力已显不够用，只好由全面进攻改为重点进攻。

老蒋重点进攻有两处：

一是山东的陈毅部队，投入兵力六十个旅约四十五万人，由陆军总司令顾祝同亲率作战。

二是中共中央所在地的陕北，投入兵力三十四个师二十五万人，由胡宗南统率。

毛泽东和中央首脑机关率一少部分兵力与敌人打转转，兜圈子，另由彭德怀组成两万六千人的西北野战兵团把胡宗南大军牵制在陕北。

毛泽东把延安让给了蒋介石，可他仍在陕北指挥全国的解放战争。

敌人重拳出击，一打陕北，一打山东，而刘邓大军所处的位置正在中间。

根据中央指示，刘邓决定组织反击战，利用敌人转入战略防御的机会，大量歼灭敌人有生力量，配合陕北、山东我军粉碎敌人重点进攻。

他们选中的反攻地点有两处：一是河南北部，一是山西南部。

河南北部的反攻3月23日打响，我军连续攻占濮阳等城镇，迫敌调兵北援，我军避敌北上，解放了卫河以北、平汉铁路两侧广大地区，主力逼近安阳、围攻汤阴，敌军追近，我军诱敌深入，用伏兵重击，使敌受击南撤，我军又乘胜猛追，一路歼敌，一路收复城镇，最后攻克汤阴，5月25日战役结束。

此役共歼敌四万多人，解放县城九座，扩大南北三百里，东西二百里的解放区域，控制了三百里的平汉铁路。

山西南部反攻是陈赓率部五万人第四纵队进行的，打了一个半月，歼敌一万四千多人，收复解放县城二十二座及三百万人口的广大地区，控制了四百六十多里的同蒲铁路,有力地粉碎了胡宗南、阎锡山的联防体制,并严重地威胁了进攻陕北的胡宗南的侧背。

与刘邓大军的战果相呼应,在山东的陈毅部队在孟良崮全歼蒋介石与大王牌之一整编七十四师等三万二千多人,击毙老蒋得力门生七十四师师长张灵甫。

在晋察冀,聂荣臻部队发起正太战役,歼敌三万五千多人。

在东北,林彪部队五十天攻势作战,歼敌八万多人。

老蒋实行重点进攻,不但未得手,还损兵折将,陷入了被动。

内战爆发以来,刘邓大军歼敌三十个旅三十万人,解放县城四十三座,取得辉煌战果。

在进行战争的同时,晋冀鲁豫解放区坚决地进行土地改革,广大农民支持我军积极性高涨,二十四万翻身农民自愿参军,十多万解放过来的敌军俘虏经改造也加入我军。全区部队总人数发展到四十二万人,其中野战军发展到二十八万人。

刘邓在原有基础上,将部队扩大到十个纵队。

毛泽东率中央首脑机关和一支小部队在陕北大山中与敌人周旋,可他脑袋里却有全国战争的一盘棋。

毛泽东把关键的一步棋放在刘邓身上,指示他们南渡黄河,向中原出动,转变为外线作战。

这表明毛泽东已运筹由防御转为战略进攻。

刘邓对毛泽东的部署解释为:山东按着敌人的脑袋,陕北按着敌人的两条腿,他们南渡黄河就是向敌人拦腰砍去。

黄河刚刚被老蒋在花园口合龙回归故道,国民党叫嚣黄河防线可抵四十万大军。

刘邓要跨过黄河去。

他们把强渡黄河的地方选在山东西部张秋镇至临濮集三百里地段。

刘邓大军6月3日开始准备，6月30日晚正式发起渡河战役。

大炮怒吼，千舟竞发，黄河这条巨蟒被刘邓大军踩在脚下。

被国民党夸耀可抵四十万大军的黄河天险，只一夜就被刘邓大军突破了。

这一战也揭开了解放军战略进攻的序幕。

挺进大别山

刘邓大军主力十二万人一举突破黄河天险，这是出乎蒋介石意料的。

他十分恼火，亲自飞到郑州，召集各路大将开作战会议。

蒋介石命令，以王敬久指挥十四个旅的兵力，死守郓城、菏泽、定陶，并以各路军兵齐头并进，逼迫刘邓背水一战。

老蒋有他的部署，刘邓也有自己算盘。

未能敌人逼近，他们已经抢先出击，7月8日，第一纵队攻克郓城，7月10日第二纵队收复曹县，第六纵队攻克定陶，第三纵队进到郓城东南。

这样一来，十日间，刘邓大军已在黄河以南开辟了广阔的战场，摆脱了背水作战的危险处境。

这时敌人分析，我军不是回头打菏泽，就是向前打济宁。

而刘邓出其不意，直扑王敬久主力在巨野至金乡一线的一字长蛇阵，7月13日，完成对敌三个师的分割包围。

为了避免敌军困兽之斗，刘邓下令对于六营集之敌，改四面围攻为"围三阙一"，迫敌向东突围。

7月14日，向东突围的敌人被我军全歼于预设阵地。

至此，敌王敬久部大部已被歼灭，仅剩一个半旅被包围在羊山集。

这一个半旅却是王敬久的精锐部队，我军久攻羊山集不下。

这时蒋介石又亲自飞到开封，严令王敬久在飞机、坦克的掩护下解羊山集之围。

对此情况，中央军委给刘邓来电，指示：

对羊山集之敌，如确有把握则攻歼之，否则立即集中休整十天左右，不打陇海，不打新黄河以东，也不打平汉铁路，下决心不要后方，以半个月的行程，直出大别山。

中央是不想让刘邓大军延误南进的计划。

可刘邓却不甘心放弃羊山集。

邓小平说：

"攻羊山集的部队不能后撤！"

刘伯承说：

"蒋介石送上来的肥肉我们不能放下筷子。"

7月27日，我军对羊山集发起总攻，激战一天，打下羊山集，全歼敌六十六师。

至此，连续打了二十八天的鲁西南战役结束。

此役，歼敌六万多人，缴获大量军用物资和各种火炮八百七十二门，并调动了敌人七个整编师十七个半旅驰援鲁西南，彻底打乱了敌军的战略部署。

这时，中共中央已做出了更加完整的战略反攻计划：

刘邓，向大别山地区进击，在长江以北的鄂豫皖边地区实施战略展开。

陈赓、谢富治部，自晋南强渡黄河，在豫陕鄂边区实施战略展开。

以上三部挺进中原，在中原地区以"品"字形阵势，相互协力作战，创建新的中原解放区。

中原是古今兵家必争之地，故有逐鹿中原之说。

决定中原形势的是两个山，一个是大别山，一个是伏牛山，而大别山比伏牛山更重要，中原要大定，必须把大别山控制起来。

毛泽东和中央把出击大别山这副千斤重担压在了刘邓肩上。

根据中央指示，刘邓大军可休整到8月中旬，然后出击，因刚打完鲁西南战役，部队太累了。

而且部队款项也需补充，炮弹和军衣都未运到，也未对跃进大别山进行动员和具体准备。

可是，他们想喘一口气，老蒋却不给他们喘息的机会。

蒋介石要由开封决开黄河大坝，用黄河之水把刘邓大军赶回黄河以北。

此计可谓歹毒之极！

老蒋曾经在抗日战争时炸开花园口黄河大堤，想用黄河水阻挡日军侵华的步伐，这次又想用黄河水对付刘邓了。

刘邓忧心如焚。

正在这时，毛泽东又拍来三个A级（最急的）极秘密电报：

陕北情况甚为困难。

刘邓看完就把电报烧了。

邓小平说：

"我们是有困难，可要减轻陕北的压力。"

刘伯承说：

"立即复电中央，十天后行动。"

十天时间准备本已很短，可还没到十天，刘邓大军就行动了。

8月7日，刘邓命令部队从鲁西南的郓城地区挥师南进。

8月9日、10日中央连续复电，指出：

  刘邓决心完全正确，情况紧急不及请示时，一切由刘邓机断处理。

中央当然知道刘邓所面临的艰难形势。刘邓要争大别山，国民党也要争。

蒋介石亲自坐镇开封，调集了五个集团军三十个旅的强大兵力。

刘邓巧布迷阵，以一部在黄河边佯动，造成北渡声势；一部向西破击平汉铁路，切断敌人交通；一部向西直出信阳，做出挺进桐柏山的姿态。

正当敌军迷惑不解、判断不清之时，刘邓大军主力，分成左、中、右三路，突然甩开敌军，从敌人未来得及合围的圈口一举突破，开始向大别山挺进。

鲁西南地区与地处安徽的大别山，相距千里之遥。这一路上有黄泛区、沙河、汝河和淮河等天然路障，还有敌人数十万大军的前堵后追。

8月11日，刘邓主力跨过陇海铁路，向南疾进。

不日，部队到达了黄泛区。

挡在刘邓大军面前的黄泛区有四十多里宽，遍地积水污泥，浅处及膝，深处到腰，没有道路，也没有人烟，一片荒野，满目凄凉。

这就是当年蒋介石放黄河水淹没的地区。

在8月的酷热中，顶着烈日，部队开始艰难的跋涉。

车不能开了，所有的重武器和辎重都改用牛拉人推，推不动的，拆卸成块用人扛，扛不动的，刘邓下令全部销毁炸掉。

跋涉本已艰难，敌人飞机还来轰炸扫射。

8月18日，刘邓大军全部徒涉过了黄泛区，随后，直奔沙河，冒着敌人炮火和飞机轰炸；架设浮桥，又胜利渡过沙河。

到了这时，老蒋才察觉刘邓南下的战略意图，可他想再组织大规模的封锁拦截，已经晚了。

蒋介石气得直骂娘，犯了病，只好跑到庐山休养去了。

过了沙河，部队休整一天，进一步轻装，把笨重的武器车辆埋藏或炸掉。

刘邓大军要以最快的速度，直进大别山。

过了沙河，前面又是汝河。

8月23日，第一纵队、第二纵队渡过汝河，第三纵队作为先头部队已进抵淮河。可是，当第六纵队和刘邓指挥部来到汝河边时，敌人已强占了渡河地点南岸渡口，用强大火力进行阻击。

后面，尾追的敌人三个整编师已追近不到六十里。

头顶还有敌机不停地狂轰滥炸。

在这险恶关头，刘邓来到汝河前线。

邓小平讲话很干脆：

"我们要不惜一切代价，坚决地打过去！"

刘伯承大声说：

"狭路相逢勇者胜，从这里杀开一条血路冲过去！"

刘邓的决心和命令化作一股不可抗拒的巨大力量，推动着指战员们勇猛向前。

天刚放亮，第六纵队开始实施强渡。战士们冒着敌人猛烈的火力，踏着浮桥，杀出一条血路，冲过河去，突破了敌人的汝河防线。

突破汝河是场恶仗。

而渡过淮河更险。

淮河是华东地区介于长江和黄河之间的一条最大的河系，由西向东贯穿河南南部和安徽全境，是刘邓大军途中一道天然鸿沟。

刘邓部队中大部分是北方人，极不习惯在南方水网地带作战。有人还开玩笑说："江山如此多娇，无数英雄尽摔跤。"

8月的淮河正值雨季，河深水急。

刘邓大军到来之时，正好上游刚刚下雨，河水上涨。

而这时后面追兵已距我仅三十里，如两天不能过河，就将被迫背水作战。

没有桥，没有船，河面又宽，这十几万大军怎么过河呀？

在指挥部里，刘邓连夜召开紧急会议。

邓小平说：

"伯承先行指挥渡河，我和李达在后面指挥阻击敌人。"

刘伯承说：

"政委说的就是决定，立即行动吧。"

刘伯承来到河边。

有的干部报告说：

"淮河不能徒涉。"

真的不能徒涉吗？

刘伯承登上一只竹排，手持一支竹竿，提着马灯，开始探测水深。

很快，刘伯承的急信送到指挥部：

"河水不深，流速甚缓，速告李参谋长可以架桥！"

不久，刘伯承第二封信到了；他亲眼看见有人从上游牵马过河，证明完全可以徒涉。

于是刘邓一声令下，千军万马立刻沿着竹竿标出的水道，浩浩荡荡涉过了淮河。

到8月27日，刘邓大军全部渡过淮河。

说来也真巧，我军刚一过完河，河水突然骤涨起来，上游又下来了洪峰。等敌军追到河边，只有"望河兴叹"了。

过了淮河，刘邓大军已进入大别山地区，胜利完成了千里跃进大别山的战略任务。

共产党与国民党逐鹿中原，因刘邓挺进大别山，而抢先了一步。

从严治军

1947年8月,大别山区寒风阵阵。

一天下午,在樊家榨的小村边,集合着一群解放军指战员。还有一些住地群众和小商贩稀稀拉拉站在一旁,非常肃静。几百双眼睛朝着一个方向,那是一个被五花大绑的军人,有的人眼里流露出悲哀,也有的人觉得不可理解。

参谋长李达主持着会议,他宣布:

"因为警卫团四连张副连长违反了部队纪律,抢了老百姓的东西,刘邓首长决定,执行枪决!"话音未落,有些小商贩就喊了起来:"不能杀他呀!""让他将功补过就可以了!"

然而,军令如山倒,随着一声枪响,这位副连长应声而倒。

这是怎么回事呢?

原来刘邓大军挺进大别山以后,遇到许多难以想象的困难。尤为难办的是当地群众在国民党恶行的影响下,以及当地地主、土顽、特务反动宣传下对我军极不信任。

我军所到之处,群众都躲到深山老林之中。部队给养成了问题。在这种情况下,部队常有违反群众纪律的现象发生,结果使群众更不敢接近我军，我军就难以站稳脚跟。

邓小平看到了问题的严重性。他和刘司令员一起召开会议，认真严肃地指出："部队纪律这样坏，这是我军政治危机的开始。"会议还明确规定了几条纪律："枪打老百姓者枪毙，抢掠民财者枪毙，强奸妇女者枪毙。"

部队纪律严明了，老百姓的顾虑也少了，但部队所到的地方，仍有些群众没有消除疑虑，还是躲躲闪闪，不敢接近部队。

有一天，晋冀鲁豫野战军总直属队路过黄冈县总路口时，店铺门关人走，街上不见一人。

邓小平看到这种情形，心里真不是滋味。他抬头，向前看去，发现一个军人，刺刀上挂着一捆花布和一捆粉条。他立刻皱起眉头，马上指示身边参谋："快去查清这人是谁，东西是怎么来的。"

过了一会儿，参谋回来报告："刚才那人是警卫团四连副连长，东西是抢一家小店铺的。"

"简直不像话！"邓小平气愤地说，马上就去找刘司令员和李达参谋长，研究怎样处理。

三位首长意见完全一致：枪毙。

但有人听说以后，马上出来求情，说这位副连长有过战功，不能杀。

邓小平十分坚决："为了在大别山站稳脚跟，执行纪律一定要坚决，杀了一个副连长，才能刹住破坏纪律的歪风。"

跟随邓小平多年的老同志都知道，严格要求、从严治军是邓小平一贯的作风，执行纪律的时候，他从不手软。

那还是在1938年，邓小平到一二九师当政委不久，就在左权县的清河边，严肃地讲了一段话，是在宣布处决一个奸污妇女的老战士的会上，当

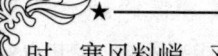

时，寒风料峭，邓小平穿着合体的军装，十分精干。

他听到了一些反映，认为这样处理一个老兵过于严厉了。他说："有群众来政治部要求轻判，组织不论群众怎么求情，我们决不能宽容这个犯罪的战士。我们共产党领导的八路军和军阀队伍的最大区别之一，就是纪律严明，决不能侵犯群众利益。只有做到这样，我们才能得到群众的爱戴，才能在敌后生存。"

邓小平望着被寒风冻得发抖的战士，继续说："这次虽然只是一个战士犯罪，但一传开，就会对我军造成恶劣影响，就会破坏我们这几个月来好不容易在群众中树立的好印象。所以，尽管有群众代表来部队求情，我们也不能心软！"

邓小平那意义深远的一番话，很快就在群众中传开了。在战士们的心中，也深深地扎下了根。

从严治军，邓小平不仅注重从抓大事入手，更不忽视在小事上的培养。

1938年春，他率领部队插入敌后，恰巧遇到日寇的"扫荡"，部队断了炊。整整七天时间，邓小平和指战员一起，靠吃野菜充饥。一个新兵不了解邓政委的脾气，便弄了一穗玉米，送给了邓政委。

"为了它，你费了不少劲吧？"邓政委诙谐地问。

"那当然，我好不容易找到了一个藏粮食的洞。"

"拿群众的东西，给群众留钱了吗？"

"当然，还写了一个条子呢！"

"好！不过你还要辛苦一趟，把玉米送回去。"

"为什么？"新战士诧异了。

"这玉米是老百姓留的种子，你留了钱，钱不能种在地里发？啊！"邓政委拍拍新战士的肩头，"你快去吧！"

这件小事，给战士们打下的烙印太深了，所以要枪毙这个抢东西的副连长，也是战士们事先可以预料到的。慈不掌兵，是邓政委常挂在嘴边的话。

解放军住在樊家榨枪毙了一个副连长，这消息一发出，群众奔走相告：真正的红军又回来了。

刘邓大军所到之处，受到老百姓的热烈欢迎，在大别山稳稳地站住了脚跟。

中原鏖兵

刘邓大军虽然挺进了大别山，可要站稳脚步不容易。

当年红军就三次在这里建立根据地，都被迫撤出。

刘邓就不信这个邪！

我军一进大别山，他们命令部队立即向预定地点实施展开：

第二纵队和第一纵队比肩在豫东南相继展开；

第三纵队在皖西；

第六纵队攻克河南至鄂东一线十数个县城，南进至武汉以东二百余里处。

就这样九个旅的兵力，就地铺开摊子，扎下了御敌阵势。

蒋介石已下死令要把刘邓大军消灭在大别山，他以二十三个旅的兵力紧跟刘邓过了淮河，尾追而来。

这些兵力由国防部长白崇禧亲自指挥，各路大将有夏威、张轸、程潜等。

刘邓采取避强打弱的策略，从9月上旬到9月底，历经数战，歼敌六千多人，解放鄂豫皖地区县城二十三座，在十七个县建立了民主政权。

经过一个月的战事，刘邓已经打开局面，依托山区安置了后方。

但困难仍严重，问题还太多。

最主要的是，这一地区的群众在反动势力残酷镇压后不敢接近解放军。让我缺粮、缺向导，常陷于饥饿、迷途之中。

另外，我军由北方到南方不适应，地形不熟、语言不通、饮食不习惯。再加上敌人重兵压境，连续作战，已极度疲劳，部队有急躁、畏难情绪。

进入10月，大别山早晚已是寒气袭人。

刘邓大军远离后方，供应不及，指战员们还穿着夏天时的单衫单裤。

严冬将至，冬衣问题怎么解决？

刘邓命令部队自己动手缝制冬装。

可采购来的布匹什么色的都有，于是把白布用锅灰、草木灰染成灰色做面子，用花布做里子。

买来的棉花多数还带着棉籽，只好自己加工，没有弹棉花机，就用树条抽打，用手撕剥。

布和棉花解决了，做这么多衣服又成了大问题。

刘邓下令战士们亲自动手，不会剪裁就去请教老乡，于是战士们搬炮拿枪的大粗手拈起了缝衣针。

邓小平带有几分自豪地说：

"我们这个军队有一个最大的长处，只要自己动手，就没有克服不了的困难。"

也真是，冬天来之前，冬装已在战士们的"巧手"中全部做好了。

刘邓大军的针线活尽管不像他们打仗那么漂亮，但自己做出的冬装穿在身上格外暖和。

10月几乎又打了一个月，扩大了战果，共歼敌一万两千多人，缴获大炮、机枪等大批军用物资。

到11月，刘邓大军在两个月中，共歼敌三万多人，解放县城二十四座，建立了三十三个县政权。由此，完成了战略展开。

另外，陈赓部队，陈毅部队也都取得可观的胜利。与刘邓在北黄河、中淮河、南长江、西汉水之间的中原地区，结成了"品"字阵形，互为犄角的有利战略态势，把敌人进攻我解放区的重要后方，变成了我夺取全国胜利的前沿基地。

但严重的敌情仍未有丝毫的减轻。

11月下旬，蒋介石成立了"国防部九江指挥部"，由白崇禧任主任，统一掌管豫、皖、赣、湘、鄂中原五省军政大权，要与共产党争夺中原，并确保其长江大动脉。

白崇禧受命之后，首先组织了十五个整编师又三个旅的兵力，配以战斗机、轰炸机的支援，于11月27日，开始了对大别山的全面围攻。

面对敌人重兵围攻，刘邓决心采取"避战"方针，把主力留在大别山区，在内线牵制敌人，以总部机关带一部分部队分兵转入外线，实施战略展开。

邓小平对刘伯承说：

"我年轻，我留下吧，你带部队转入外线。"

留在大别山当然比转入外线更危险。

刘伯承没有争辩，而是说：

"把警卫团都给你留下，我只带一个排就行了。"

1947年12月10日夜，刘邓暂时分开了。

从此，邓小平率领我军主力，与强大的敌人在大别山展开艰难的周旋。

就在邓小平率主力在大别山艰苦转战时，刘邓大军后续南下的第

十、第十二纵队,分别向大别山以西的桐柏地区和江汉地区出击并建立了解放区;随刘伯承转入外线的第一纵队挺进开辟了在大别山以西的广大淮西地区,由此把淮河变成了我中原解放区的内河,并实现了与陈赓、陈毅两军在平汉线胜利会师。

然后陈毅野战军和陈赓部队,积极实施对平汉、陇海两大铁路的破袭,歼敌两万多人,迫使敌军从大别山调出十三个旅的兵力增援,从而有力地粉碎了敌军对大别山地区的围攻之势。

新中国成立之初,邓小平与刘伯承的合影。他们共事十三年,所领导的部队被称作"刘邓大军"。

经过刘邓、陈毅、陈赓三路大军内外配合作战，四个月歼敌十九万五千多人，解放县城近百座，把南线敌军总兵力一百六十多个旅中的九十个旅调动和吸引到中原战场，取得了具有战略意义的重大胜利。

1948年2月，根据中央指示，邓小平率大别山前方指挥所北渡淮河，转出大别山区。

2月24日，刘邓在安徽临泉地区会师。

他们将走出大别山，到更广阔的天地，去打更大的仗了。

1947年在解放战争的战略决战阶段，担任统一指挥中原野战军、华东野战军的总前委书记。1949年9月他当选为中央人民政府委员，参加了开国大典。10月，任中国人民革命军事委员会委员。随后和刘伯承率部向西南进军，占领了云、贵、川、西康诸省，参加领导了进军西藏和西藏和平解放的工作，实现中国大陆的完全解放。此间，任中共中央西南局第一书记、西南军政委员会副主席、西南军区政治委员。1952年7月调往中央工作，任中央人民政府政务院（1954年改为国务院）副总理兼财经委员会副主任，后又兼任政务院交通办公室主任和财政部部长。1954年任中共中央秘书长、组织部部长，国务院副总理，国防委员会副主席。1955年4月中共七届五中全会上，被增选为中央政治局委员。1956年9月在中共第八次全国代表大会上，作修改党章的报告。在八届一中全会上，当选为中央政治局常务委员、中央委员会总书记，成为以毛泽东为核心的中国共产党第一代领导集体的重要成员。1959年任中共中央军委常委。在任总书记的十年中，协助中央主席、副主席主持中央的日常工作。1973年3月恢复国务院副总理职务。1975年1月任中共中央副主席、国务院副总理、中央军委副主席和中国人民解放军总参谋长。1977年7月中共十届三中全会恢复了他原来担任的党政军领导职务，8月在中共第十一次全国代表大会上当选为中共中央副主席、中央军委副主席。1978年3月当选为第五届全国政协主席。同年12月召开中共十一届三中全会，开辟了中国社会主义现代化建设的新时期。经过这次全会，形成了以他为核心的中国共产党第二代领导集体。在1981年6月召开的中共十一届六中全会上，他当选为中共中央军事委员会主席，任至1989年。1982年在十二届一中全会上当选为中央政治局常务委员。在中央顾问委员会第一次全体会议上当选为主任。1983年6月当选为中华人民共和国中央军事委员会主席，任至1990年3月。1997年2月19日在北京逝世。